Die schönsten

SKITOUREN

in den Berchtesgadener Alpen

Nina Schlesener

VORWORT

Als vor 20 Jahren ein kleines, in Geschenkpapier verpacktes Büchlein unter unserem Christbaum lag, war mir nicht bewusst, was für eine große Wirkung dieses Geschenk in meinem Leben haben wird. Doch wie so oft sind es die kleinen Dinge im Leben, die Großes bewirken, und so war es hier gewiss der Fall. Manch einer hätte das Buch, mit dem Titel „Skitouren rund um Berchtesgaden" von Nowak|Anfang, im Plenk Verlag erschienen, ausgepackt, in ein paar Augenblicken durchgeblättert und freundlich, aber etwas desinteressiert zur Seite geschoben. Für mich aber war es von diesem Tag an mein ständiger Begleiter und meine persönliche Bibel. Kein weiteres Buch habe ich öfters durchgelesen und -geblättert als dieses kleine unscheinbare Exemplar. Denn: Auch wenn es so unscheinbar aussah, der Inhalt war umso wertvoller. Jeden Winter war ich versucht, mir neue Touren aus diesem Buch zu erarbeiten und voller Wissensdurst und Erkundungsdrang die weißen Flecken auf meiner Skitourenlandkarte zu beschreiben.

Rückblickend kann ich sagen: Viel ist in diesen letzten 20 Jahren passiert und das Skitourengehen hat sich gravierend verändert. Vom Randsport, den nur verträumte Berggeher betreiben, ist das Tourengehen zum Trendsport – für Sie und Ihn, für Jung und Alt – katapultiert. Was früher schier unerreichbare Skitourenziele

darstellte, wird heutzutage in Rekordzeit bei jeder Witterung und Schneelage begangen. Allzu weit entfernt oder bereits vergessen ist die Erinnerung, als der Hohe Göll für manch einen noch eine Zwei-Tages-Unternehmung darstellte. Hört man den alten Bergsteigern wie dem Stahlhaus-Heli zu, fuhren diese mit der Bahn nach Berchtesgaden, stiegen zu Fuß zur Alpeltalhütte auf, übernachteten dort und gingen am nächsten Tag auf den Hohen Göll und wieder zurück zum Bahnhof und mit dem Zug wieder nach Hause. Heutzutage gehörst du zur langsamen Truppe, wenn du den Anstieg nicht unter drei Stunden schaffst.

Aber trotz aller Zeitrekorde und Materialentwicklungen hat das Skitourengehen nichts von seiner Magie und seinem Zauber verloren. Wie sonst kann man sich das Phänomen erklären, dass immer mehr Menschen dieses besondere Gefühl erleben wollen? Vielleicht kann man es auch einfach erklären, indem man in sich hineinfühlt und erspürt, was einen dabei tief im Inneren bewegt und sich in folgenden Worten wiederfinden:

Viele Wege führen zu sich selbst - einer davon geht über die Berge.

Kommen Sie mit und lassen Sie sich verzaubern auf der Reise durch die erhabene und wunderschöne Bergwelt der Berchtesgadener Alpen.

Ihre Nina Schlesener

INHALTSVERZEICHNIS

ZEICHENERKLÄRUNG

● Einfache Tour für Einsteiger mit wenig Skitouren-Erfahrung

● Mäßig schwere Tour für Skibergsteiger mit sicherer Technik

● Schwere Tour für sehr gute und alpin erfahrene Skibergsteiger

---

● Gesamtlänge der Tour   ● Hangrichtung & Exposition

● Strecke im Anstieg   ● Lawinengefährdung

● Gehzeit im Anstieg   ● Wichtige Informationen

● Höhenmeter im Anstieg   ● Einkehrmöglichkeiten

● Höhenmeter in der Abfahrt   ● Sensible Zonen

Beste Zeit: z.B. November bis Januar und Ende März bis April

| NOV | DEZ | JAN | FEB | MÄR | APR |

● Startpunkt   ● Auerwildgebiet

● Endpunkt   ● Gamsgebiet

● Wegrichtung   ● Birkhuhngebiet

● Gleicher Auf- und Abstieg   ● Schneehuhngebiet

⁓⁓⁓ Tour, Seilbahn, Variante   ● Wald-Schongebiet

● Wald-Wild-Schongebiet   Hm = Höhenmeter

GEBRAUCH DES SKITOURENFÜHRERS

Anforderung und Schwierigkeitsbewertung

Wie anspruchsvoll eine Tour ist bzw. empfunden wird, hängt von Gelände, Länge, Höhenunterschied, Hangneigung und -richtung, aber natürlich auch von variablen Größen wie Wetter, Schneeverhältnissen, Fitnesszustand und individuellem Können des Skitourengehers ab. Um einen Leitfaden für die Tourenplanung und den Tourengeher zu geben, sind die Touren in drei Farbkategorien unterteilt.

● Blau | leicht:

Einfache Aufstiege und Abfahrten, die sich für Skitouren-Einsteiger eignen. Das Tourengelände bietet meist Almgelände und freie Wiesen sowie in der Abfahrt pistenähnliche Verhältnisse, die keine Tiefschnee-Erfahrung voraussetzen.

● Rot | mittel bis anspruchsvoll:

Mäßig schwierige Aufstiege und Abfahrten im alpinen Gelände. Es werden mehr als bloße Grundkenntnisse im Aufsteigen, Abfahren und Geländebeurteilung vorausgesetzt. Der Tourengeher sollte eine gute Kondition besitzen, die Spitzkehrentechnik im Aufstieg beherrschen sowie Abfahrtskönnen in steilen und auch teils engem Gelände mitbringen.

● Schwarz | sehr anspruchsvoll:

Schwierige Auf- und Abstiege mit teils extrem weiten und langen Zustiegen sind zu bewältigen. Alpine Erfahrung, eine sehr gute Kondition und ausgezeichnetes Abfahrtskönnen sind hier unerlässlich, um ausgesetzte Passagen, gefährliche Engstellen und Steilstufen zu meistern. Es herrscht bei diesen Touren oft ein „Sturzverbot", d.h. Ausrutscher können fatale Folgen haben.

Günstige Zeit

Der Hinweis auf die beste Zeit dient nur als Leitfaden und grober Richtwert. Zu viele Parameter wie Witterungsbedingungen, Niederschlagsmenge, Temperatur- und jahreszeitliche Schwankungen sind nicht vorhersehbar und beeinflussen die optimale Begehungszeit der jeweiligen Tour. Die hier aufgeführten Angaben sind Mittelwerte langjähriger Beobachtungen, doch sollte jeder Tourengeher individuell aus verschiedenen Informationsquellen herausfiltern, ob die Tour zu gegebenen Zeitpunkt machbar ist oder nicht.

Hangrichtung und Exposition

Hier wird die geografische Ausrichtung der Tour beschrieben. Diese ist für Tourenplanung, Einschätzung der Lawinengefahr und Beurteilung des Lawinenlageberichts von großer Bedeutung. Der Lawinenlagebericht verweist in seinen täglichen Berichten immer auf die besonders gefährdeten Hangrichtungen. Des Weiteren kann man unter Berücksichtigung des Wetters und der Jahreszeit auch Informationen über die mögliche Schneequalität herausfiltern.

Gehzeiten

Für die Gehzeiten wird ein ungefährer Mittelwert von ca. 350 bis 400 zu bewältigenden Höhenmetern in der Stunde berechnet. Nicht einbezogen sind Stand- und Rastzeiten. Bei gespurtem Gelände mit leichter Wegführung und angenehmer Steigung ist dieser Richtwert leicht zu schaffen. Sollte man jedoch wider Erwarten (was in Berchtesgaden so gut wie nie vorkommt) unverspurtes und schwieriges Gelände vorfinden, kann der Wert deutlich abweichen. Bei Touren, die weniger Steigung, sondern mehr Länge vorweisen, rechnet man mit 4 km in der Stunde. Unter diese Kategorie fällt z.B. die Tour ins Wimbachtal zur Wimbachgrieshütte. Die angebenden Zeiten beziehen sich auf die Gehzeiten im Anstieg.

Höhenunterschiede

Hier handelt es sich um die zu bewältigende Anstiegsleistung von Ausgangspunkt bis Endpunkt. Dabei sind etwaige Gegenanstiege bereits mit einberechnet. Allerdings kann aufgrund variierender Spurwahl die tatsächlich erbrachte Höhenzahl von der im Buch angegebenen abweichen. Besonders markant ist dies bei der Tour auf den Kahlersberg, die mehrere kleine Zwischenanstiege beinhaltet und infolgedessen auf eine stattliche, zu bewältigende Anstiegsleistung von knapp 1800 Hm kommt.

AUSRÜSTUNG

Packliste von Kathi Baumgartner - Skitouren Expertin und Bergsportladen-Besitzerin

- Softshellhose und windabweisende Jacke für den Aufstieg
- Eine Isolationsjacke (Primaloft, Daune, o. ä.) als Zwischenschicht für Brotzeit, Standzeiten, oder Abfahrt unter der Hardshell-Jacke
- Funktionsjacke und Überhose für die Abfahrt, für Frauen empfehle ich als zusätzliche Wärmeschicht einen Skitourenrock oder eine Überhose aus Primaloft, um Unterleibsunterkühlung vorzubeugen
- Wechselshirt, möglichst aus Merinowolle und keine Kunstfaser, da Merino auch im durchgeschwitzten Zustand wärmt.
- Ein paar leichte, winddichte Handschuhe für den Aufstieg und ein extra warmes Paar zum Wechseln für die Abfahrt
- Helm und Skibrille sowie Sonnenbrille mit hohem UV Schutz, um möglichen Augenschäden vorzubeugen. Helme gibt es mittlerweile sehr leichte und kompakte.
- Fellwachs gegen Anstollen der Felle und um die Gleiteigenschaften zu erhöhen (ein Stückerl fettigen Speck aus der Brotzeit geht natürlich auch)
- Brotzeit und ausreichend zu trinken, am besten noch warmen, zuckerhaltigen Tee, mit isotonischen Zusätzen, um Dehydration vorzubeugen

LVS-Ausrüstung

- 3-Antennen-Lawinenverschüttetensuchgerät, welches gut und einfach im Handling ist und mit dem man vertraut ist. Das LVS Gerät wird natürlich nicht im Rucksack, sondern direkt am Körper getragen!
- Schaufel mit langem Stiel und Umbaufunktion zum Hacken. Schaufelblatt aus Metall, auf das man oben hinauftreten kann
- Lawinensonde mit gut lesbarer Meter-Skalierung. Dickere Sonde für gutes Handling (am besten aus Aluminium). Der Sondenverschluss sollte stabil und schnell zu bedienen sein
- Unbedingt vor der Tour mit der LVS-Ausrüstung vertraut machen und (im Idealfall bei einem Kurs) den Ernstfall im Vorfeld üben

LAWINENGEFÄHRDUNG

Lawinenlagebericht

Der Lawinenlagebericht (LLB) dient als Entscheidungsgrundlage zur Tourenplanung. Im Lawinenlagebericht findet man relevante Faktoren und Kriterien wie Gefahrenstufe, gefährdete Bereiche (Gelände, Exposition, Steilheit), die entscheidend für die jeweilige Tourenauswahl und die Tourenplanung sind. Jedem Skitourengeher muss bewusst sein, das der LLB nur ein Prognoseinstrument ist und von der richtigen Interpretation des Tourenplaners abhängt. Des Weiteren ist unerlässlich, dass jeder Skitourengeher den aktuellen LLB auf die tatsächlichen vorzufindenden Verhältnisse überträgt und diese in seine Entscheidungsfindung einfließen lässt.

Europäische Lawinengefahrenskala

Die Europäische Lawinengefahrenskala umfasst fünf Stufen, von geringer (1) bis sehr großer Lawinengefahr (5).

EUROPÄISCHE LAWINENGEFAHRENSKALA

Stufe 1 | gering
Eine Lawinenauslösung ist nur bei großer Zusatzbelastung an sehr wenigen, extremen Steilhängen möglich. Spontan sind keine Lawinen (sog. Rutsche) zu erwarten. Allgemein sichere Tourenverhältnisse.

Stufe 2 | mäßig
Eine Lawinenauslösung ist insbesondere bei großer Zusatzbelastung vor allem an Steilhängen der angegebenen Exposition und Höhenlage möglich. Größere, spontane Lawinen sind nicht zu erwarten. Unter Berücksichtigung lokaler Gefahrenstellen günstige Tourenverhältnisse.

Stufe 3 | erheblich
Eine Lawinenauslösung ist bereits bei geringer Zusatzbelastung vor allem an den angegebenen Steilhängen möglich. Fallweise sind spontan einige mittlere, vereinzelt aber auch große Lawinen möglich. Skitouren erfordern lawinenkundliches Beurteilungsvermögen. Angegebene Steilhänge und Hangexpositionen möglichst meiden. Die Tourenverhältnisse sind eingeschränkt.

Stufe 4 | groß
Eine Lawinenauslösung ist bereits bei geringer Zusatzbelastung an zahlreichen Steilhängen wahrscheinlich. Fallweise sind spontan viele mittlere, mehrfach auch große Lawinen möglich. Skitouren erfordern großes lawinenkundliches Beurteilungsvermögen. Die Tourenmöglichkeiten sind stark eingeschränkt.

Stufe 5 | sehr groß
Spontan sind zahlreiche große Lawinen, auch in mäßig steilem Gelände, zu erwarten. Skitouren sind allgemein nicht mehr möglich.

Praxistipps von Vroni Krieger - Metereologin und Wochenberichtschreiberin des Lawinenwarndienstes Bayern

Vor der Tour
- LLB von Berchtesgaden und LLB von Salzburg abrufen und vergleichen. Falls die Lawinenskala nicht übereinstimmt, im Zweifelsfall den höheren Wert aus der Skala zur Lawinenbeurteilung verwenden.
- Wetterentwicklung und Parameter, wie z.B. Exposition, Hangneigung, jahreszeitliche Lawinenmuster, aus dem LLB herausfiltern und in die geplante Tour einarbeiten.
- DAV (Deutscher Alpenverein) Wetterbericht, DWD (Deutscher Wetterdienst) oder ZAMG (Zentralanstalt für Meteorologie und Geodynamik) Wetterbericht checken und abgleichen
- Unter lawis.at Wetter und Wind beobachten. Stationsdaten und Schneeprofile können abgerufen und eingegeben werden. Vergleichen, wie die Schneedecke in der Umgebung aussieht.

Tipps für Lawinen-Apps

 SnowSafe   Lawinen Quiz   SOS EU ALP

SOS EU ALP: In der App können Namen und Telefonnummer hinterlegt werden und bei Notruf Absetzung bekommt die Leitstelle direkt die Koordinaten des Verunfallten.

Literaturempfehlungen
- Lawinenkunde von Stephan Harvey, Jürg Schweizer und Hansueli Rhyner
- Ausbildungshandbuch der Tiroler Lawinenkommission
- Lawine. Das Praxis-Handbuch von Rudi Mair und Patrick Nairz

Notrufnummern
- Europäische Notrufnummer: 112 | Österreich: 140

Weiterführende Links:

LLB Bayern

Alpenverein

ZAMG

LLB Salzburg

DWD

Lawis

Praxistipps
- Vor Antreten der Tour kleiner und großer LVS-Check
- Ausreichend Abstand zwischen Handy und LVS-Gerät, um Störsignale zu verhindern, ggf. Handy ausschalten
- Smart Watches stören LVS-Gerät
- Bester Platz für LVS-Gerät mindestens unter einer Kleidungsschicht am Körper
- Immer Reservebatterien mitnehmen

Während der Tour
- Tourenplanung sollte auch während der Tour gemacht werden, Checkpoints anlegen, wo man bespricht, geht man weiter, oder dreht man um
- Aus der Spur rausgehen und den Schnee beobachten: Hat er eventuell schon Anzeichen von einem Schneebrett?
- Mit der Sonde mal checken: Wieviel Schnee liegt hier jetzt eigentlich?
- Auf sein Bauchgefühl hören und auch Unsicherheiten ansprechen, falls man sich nicht wohl fühlt

Must-have
- Großes Erste-Hilfe-Set mit Rettungsdecke und ggf. Samsplint
- Werkzeug, Tape, Kabelbinder, Multitool, eventuell Reservefell bei längeren Anstiegen
- Traubenzucker, Nahrungsreserve, Mineralien zum Auflösen
- Blasenpflaster und gute Socken zur Schmerzvorbeugung vor allem bei warmen Temperaturen oder langen Flachpassagen

SCHUTZZONEN

Nachdem wir nur Besucher in dieser unwirklich wirkenden Szenerie der verschneiten Berglandschaft sind, ist es wichtig, einen Einblick bzw. Überblick über die eigentlichen Bewohner dieser Landschaft zu bekommen. Während wir eingepackt in unseren Multifunktionsklamotten einsam unsere Skitour beschreiten, zeugen die unzähligen kleinen Spuren neben dem Weg von den vielen Tieren, die jetzt besonderen Herausforderungen gegenüberstehen. Wir leben alle in einer Symbiose, wir sind von der Natur abhängig und sie im Gegenzug von uns. Das heißt: Das Leben bzw. Überleben der Tiere hängt im Wesentlichen davon ab, wie wir uns draußen in der Natur bewegen, verhalten, agieren und reagieren.In dieser abweisenden, kalten Zeit des Jahres zählt für sie jeder Augenblick, jeder Moment, in dem sie ungestört fressen, schlafen, ruhen können, kurzum ihre Energiereserven möglichst schonen. Und viel zu oft entscheiden wir uns trotz alledem für das Abfahrtsvergnügen, das uns z.B. ein unverspurter Hang verspricht, anstelle Vernunft und Respekt der Schutzzone gegenüber walten zu lassen, die wir gerade mit einem breiten Lächeln und einem Juchizer durchpflügen.

Bitte RespekTIERE!
Denn die Überwinterungsstrategie der Tiere basiert auf der Reduzierung des Energiehaushalts. Und dies würde auch funktionieren, wenn nicht der Faktor Mensch regelmäßig störend in ihren Lebensraum eingreift. Solche Störungen zwingen die Tiere zur Flucht, welche einen enormen Stressfaktor und Energieverschleiß bedeutet. Zu viele solcher „Energie"-Schübe können dazu führen, dass einem Individuum die Energie ausgeht, bevor wieder aufgetankt werden kann, und das bedeutet den sicheren Tod.

FÜR NATURVERTRÄGLICHE TOUREN

Topographische Karten mit Ski- und Schneeschuhrouten sowie Schongebieten des DAV

BY 22 Bayerische Alpen Berchtesgaden, Untersberg
BY 21 Bayerische Alpen Berchtesgaden, Watzmann

Im DAV-Shop und Buchhandel erhältlich.

Wusstest du, dass ...

... ein Schneehuhn ein Meister der Tarnung ist, um sich so vor Fressfeinden zu schützen? Es gräbt sich oft tagelang in Schneehöhlen ein, die Schutz vor Wind, Kälte und Räubern bieten. Die Schneehöhlen befinden sich meist an schattigen Nordhängen, wo der Schnee tiefer und pulvriger ist. Hier gräbt sich das Schneehuhn in kürzester Zeit einen bis zu einem Meter langen Tunnel oder eine 20 Zentimeter tiefe Mulde. Gegen Tagesanbruch wird das „Iglu" verlassen, um den Kropf mit Nahrung zu füllen, die dann in der Schneehöhle verdaut wird. Stört man die Schneehühner, ist dies, als würde man ihnen die Bettdecke wegziehen. Sie fliegen auf und verbringen meist den restlichen Tag ohne Kälteschutz und Deckung im Freien und das bedeutet für sie bei mehrmaliger Störung den sicheren Tod.

... das Auer- sowie Birkwild in Deutschland auf der Liste der vom Aussterben bedrohten Vogelarten steht? Beide Vogelarten reagieren sehr sensibel auf Störeinflüsse von außen, z.B. durch Wintersportler, Wanderer oder Radfahrer oder – noch gravierender – Rad fahrende Skitourengeher, die bis weit in den späten Frühling hinein auf Tour sind. Denn die Balzzeit beider Gattungen findet genau zur selben Zeit von März bis Ende Mai statt. Als Balzgelände werden weite, offene und kurzwüchsige bis vegetationslose Flächen benötigt, die

Schneehuhn

Auerhah

allerdings auch gerne von Wintersportlern zur genussvollen Abfahrt genutzt werden. Weiters kommt erschwerend hinzu, dass die scheuen weiblichen Auer-, sowie Birkhühner im Frühjahr nur eine kurze Zeit empfängnisbereit sind und somit jegliche Störung und Verzögerung den Fortbestand der Gattung negativ beeinflusst. Das heißt: Viele Störungen provozieren weniger Begattungen und folglich weniger bis keinen Nachwuchs in diesem Jahr.

... die Brunftzeit der Gämse Mitte November, zu Beginn des langen harten Winters stattfindet? Während dieser energiezehrenden Zeit des Kämpfens und Buhlens um Rangordnung und Weibchen nehmen die Böcke kaum noch Nahrung zu sich. Die Energiereserven sollten jedoch bis nach der Paarungszeit ausreichen, um den Winter in den Bergen mit dem kargen Nahrungsangebot zu überleben. Störeinflüsse, beispielsweise durch Skifahrer oder Skitourengeher, können dazu führen, dass die Tiere zu wenig Nahrung aufnehmen und somit schlecht durch die Zeit des Winters kommen. Berg- und Naturliebhaber können dazu beitragen, sich aus Rücksicht vor den Gämsen bewusst und ruhig zu verhalten und die Gämsen besonders während der Nahrungsaufnahme, die vor allem frühmorgens, vormittags und abends erfolgt, nicht zu stören.

Birkhuhn

Gams

NATURVERTRÄGLICHE SKITOUREN

DAV-Tipps für naturverträgliches Skitourengehen, Freeriden und Schneeschuhwandern

- Schutz- und Schongebiete für Pflanzen und Tiere respektieren, Lärm vermeiden.
- Markierungen und Hinweise beachten, z.B. die Routenempfehlungen der DAV-Kampagne „Natürlich auf Tour".
- Lebensräume erkennen und umgehen, Wildtiere aus Distanz beobachten, von Wildfütterungen fernbleiben, Hunde anleinen.
- Im Hochwinter: Gipfel, Rücken und Grate vor 10 Uhr und nach 16 Uhr meiden. Auf Touren bei Dunkelheit verzichten (Ausnahmen: „Tourenabende" oder lange Frühjahrstouren mit frühem Beginn).
- In Waldgebieten und an der Waldgrenze auf den üblichen Ski- und Schneeschuhrouten, Forst- und Wanderwegen bleiben, genügend Abstand zu Baum- und Strauchgruppen einhalten.
- Aufforstungen und Jungwald schonen.
- Umwelt- & klimaschonend anreisen: mit öffentlichen Verkehrsmitteln oder in Fahrgemeinschaften, ausgewiesene Parkplätze nutzen, keine Zufahrten blockieren, Parkgebühren zahlen.
- Mehrtägige Aufenthalte häufigen Tagestouren vorziehen, das gastronomische Angebot vor Ort nutzen, sich über Natur und Kultur der Zielregion informieren.
- Touren vorranging mit Führern, Karten und Portalen planen, die das DAV-Gütesiegel „Natürlich auf Tour" tragen (z.B. Alpenvereinskarten BY Bayerische Alpen, www.alpenvereinaktiv.com)
- Die zehn „DAV-Regeln für Skitouren auf Pisten" beachten.

DAV-Regeln für Skitouren auf Pisten
Skipisten stehen in erster Linie den Nutzern der Seilbahnen und Lifte zur Verfügung!

- Aufstieg und Abfahrt erfolgen auf eigenes Risiko und eigene Verantwortung.
- Nur am Pistenrand aufsteigen (FIS-Regel Nr. 7). Dabei hinter-, nicht nebeneinander gehen. Auf den Skibetrieb achten.
- Besondere Vorsicht an Kuppen, in Engpassagen, Steilhängen und bei Vereisung der Piste. Bei Pistenquerung möglichst einzeln gehen bzw. Abständ zueinander halten. Keine Querung in unübersichtlichen Bereichen.

- Pistensperrungen, Warnhinweise und lokale Regelungen immer beachten.
- Bei Pistenarbeiten sind Pisten aus Sicherheitsgründen gesperrt. Insbesondere bei Einsatz von Seilwinden besteht Lebensgefahr.
- Frisch präparierte Skipisten nur in den Randbereichen befahren. Bei Dunkelheit stets mit eingeschalteter Stirnlampe gehen, reflektierende Kleidung tragen.
- Auf alpine Gefahren, insbesondere Lawinengefahr, achten. Keine Skitouren durchführen, wenn Lawinensprengungen zu erwarten sind. Nur geöffnete Pisten sind vor Lawinen gesichert.
- Skitouren nur bei genügend Schnee unternehmen. Schäden an der Pflanzen- und Bodendecke vermeiden.
- Rücksicht auf Wildtiere nehmen. Bei Dämmerung und Dunkelheit werden Tiere gestört. Hunde nicht auf Skipisten mitnehmen.
- Regelungen an den Parkplätzen beachten, Parkgebühren bezahlen, umweltfreundlich anreisen.

DAV-Gütesiegel „Natürlich auf Tour"

Der Plenk Skiführer „Die schönsten Skitouren im Berchtesgadener Land" von Nina Schlesener ist mit dem Gütesiegel, „Natürlich auf Tour" des Deutschen Alpenvereins (DAV) ausgezeichnet worden. Die Tourenauswahl und -beschreibung berücksichtigt die Routenempfehlungen des DAV-Projektes „Skibergsteigen umweltfreundlich", das der DAV in Kooperation mit dem Bayerischen Umweltministerium und dem Bayerischen Landesamt für Umwelt für das Gesamtgebiet der Bayerischen Alpen durchgeführt hat, und sind mit dem Nationalpark Berchtesgaden abgestimmt. Der Führer enthält zudem Informationen und Verhaltenstipps für naturverträgliches Tourengehen in der Einleitung und im Text zu den einzelnen Skitouren. Auch die Anreisemöglichkeiten mit Bahn und Bus sind, sofern vorhanden, aufgeführt. Damit erfüllt der Skiführer alle für die Auszeichnung erforderlichen Kriterien und kann dem naturverbundenen Tourengeher als Grundlage für die Planung und Ausführung von Skitouren in den Berchtesgadener Alpen empfohlen werden. Der DAV gratuliert der Autorin Nina Schlesener sowie dem Verlag Plenk und dankt beiden für die gute Zusammenarbeit!

Deutscher Alpenverein
Ressort Naturschutz und Kartografie

Quelle: Deutscher Alpenverein e.V.

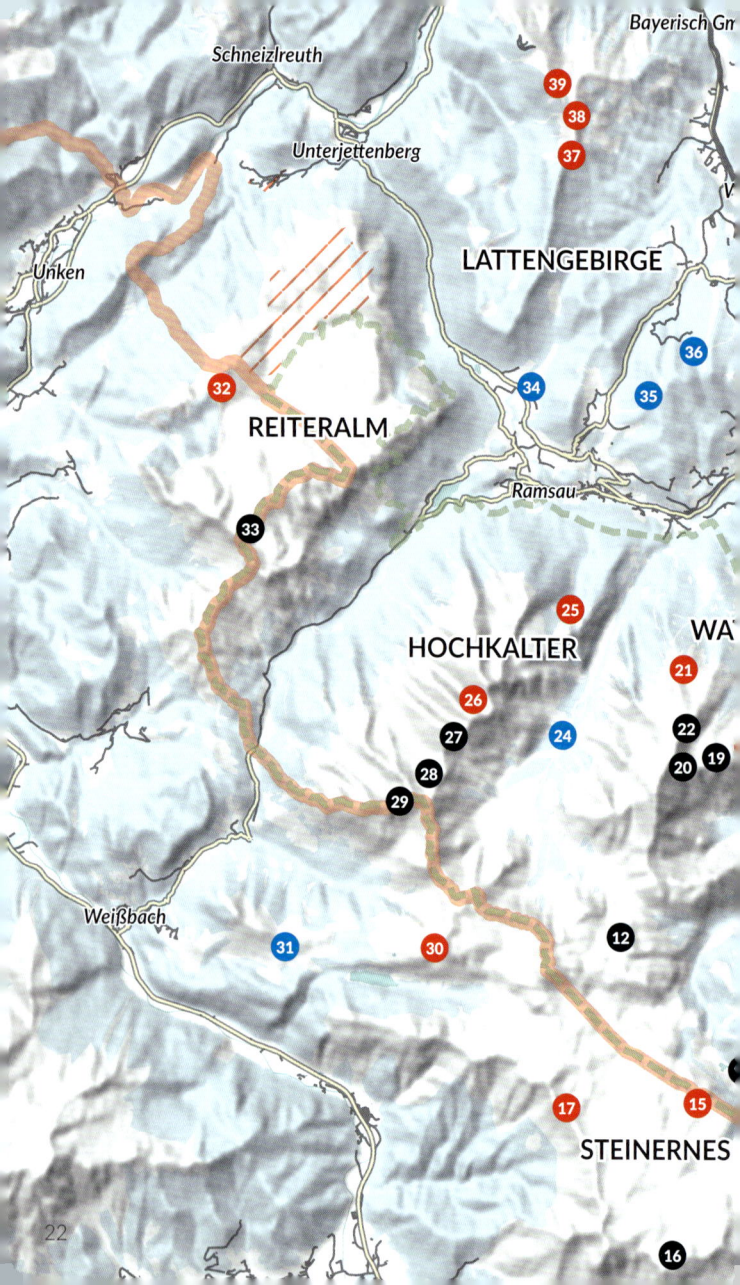

Bayerisch Gm

Schneizlreuth

Unterjettenberg

39
38
37

LATTENGEBIRGE

Unken

36

32

34 **35**

REITERALM

Ramsau

33

25

HOCHKALTER **WA**

26 **21**

27 **22**

24 **20** **19**

28

29 **12**

Weißbach

31 **30**

17 **15**

STEINERNES

16

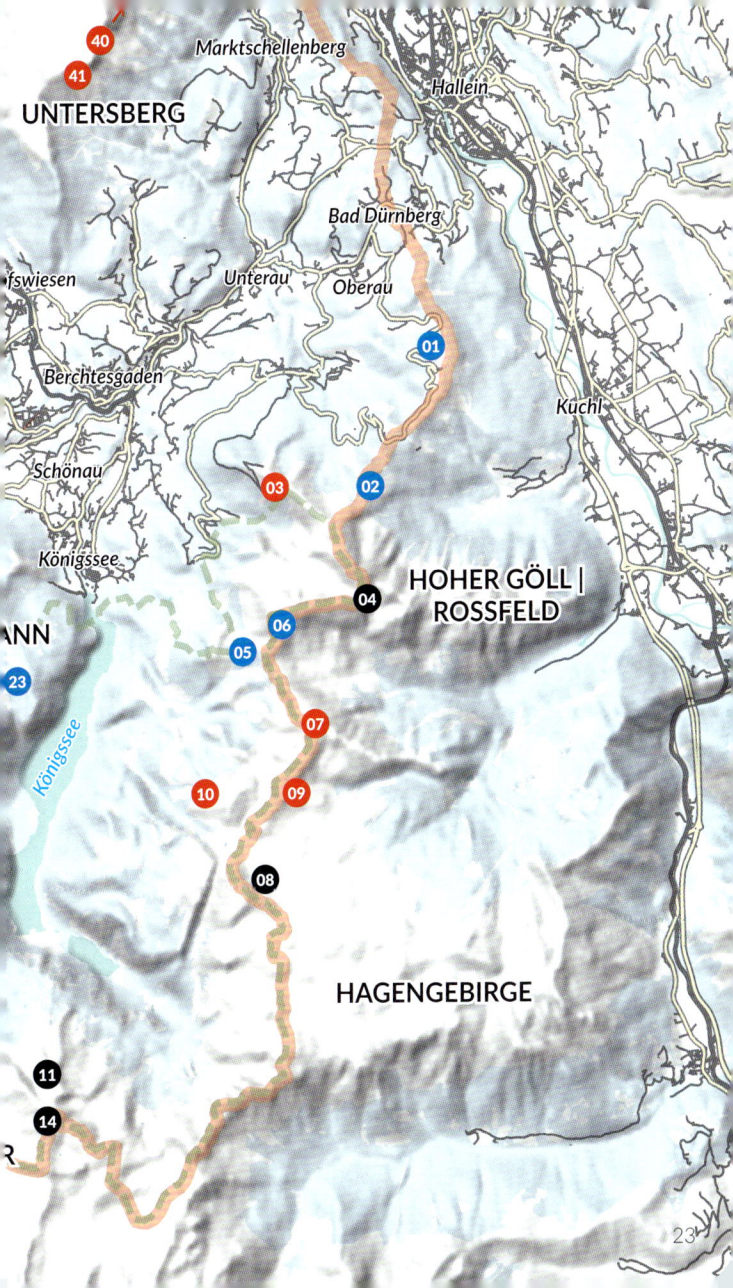

UNTERSBERG

Marktschellenberg

Hallein

Bad Dürnberg

Unterau   Oberau

fswiesen

Berchtesgaden

Kuchl

Schönau

Königssee

HOHER GÖLL |
ROSSFELD

ANN

Königssee

HAGENGEBIRGE

R

Gipfelkreuz Rossfeld
HOHER GÖLL, ROSSFELD

ROSSFELD, 1.536 m

Als Einsteigertour bei Jung und Alt beliebt: Unkompliziert lässt sich das Rossfeld auf ausgeschilderten Routen entlang und etwas abseits der Piste besteigen. Die Aussicht auf dem Plateau unterhalb der nahen Göllwände ist grandios.

🌀 10 km 🕐 3 Std. ↗ 850 Hm 🧭 Nord, Nord-West

STARTPUNKT: Parkplatz Oberau, 725 m
ENDPUNKT: Rossfeld-Gipfel, 1.536 m
ANFORDERUNG: Keine alpinen Erfahrungen erforderlich

Aufstieg entlang der Piste

🌨 Keine Lawinengefährdung

ℹ️ Mittwoch & Samstag bis 22 Uhr möglich

🍴 Rossfeld Skihütte, Auerwirt Oberau

🌲 Kein Wald-Wild-Schongebiet, aufgrund der hohen Frequentierung unbedingt die Pistenregeln beachten.

NOV	DEZ	JAN	FEB	MÄR	APR

WEGBESCHREIBUNG

Start ist der ausgewiesene Skitouren-Parkplatz in der Oberau (725 m), wo man direkt die Skier anschnallt und losgeht. Vom Parkplatz weg folgt man entlang der Piste den ausgewiesenen DAV-Skitourenschildern, die die empfohlene Skiroute vorgeben. Am sogenannten „Sattel" überquert man eine kleine Straße, danach erfolgt der Aufstieg links von der Skipiste. Über eine Waldschneise gelangt man dann am Rand der Skipiste zum Pechhäusl. In der Nähe der Mautstation folgt man weiter der Beschilderung, die einen rechts hinauf in den Wald führt, um

gefährlichen Gegenverkehr durch Skifahrer zu vermeiden. Entlang der Forststraße geht es bis zum ersten Rossfeldlift, hinter dem die Piste überquert wird. Man geht links von den Liftanlagen bis zum Gipfelkreuz des Rossfeld-Gipfels (1.536 m) und dem aussichtsreichen Plateau.

Die Abfahrt erfolgt über die Rossfeld-Skipiste. Am oberen Schlepplift links halten, um über die präparierte Route zurück zum Parkplatz in der Oberau zu gelangen.

Rossfeld-Gipfelplateau mit Blick auf Hohen Göll

+ *Skitourenabende*

+ *regionale Küche*

+ *hausgemachte Kuchen*

Rossfeld-Gipfel
(1.536)

Rossfeld
Skihütte

Mautstation
Mautgrube

Brücke

Zinkenkopf
(1.336)

Pechhäusl

Sattel

ANFAHRT

Letzte Meter zum Purtschellerhaus
HOHER GÖLL, ROSSFELD

ECKERLEITN, 1.770 m

Skitourengeher, die gerne etwas einsamer unterwegs sind, aber dennoch von oben bis unten auf schöne Wiesenhänge mit gutem Schnee Wert legen, lieben diese Tour. Dafür nehmen sie auch die Mautgebühr für die Rossfeld-Höhenringstraße in Kauf, wo die Tour startet.

3 km   1,5 Std.   570 Hm   West, Nord-West

STARTPUNKT: Parkplatz Enzianhütte, Rossfeldstraße, 1.220 m
ENDPUNKT: Eckerfirst, 1.770 m
ANFORDERUNG: Keine alpinen Erfahrungen erforderlich

Eckeralmen mit Blick auf Kehlstein

Geringe Lawinengefährdung

Wald-Wild-Schongebiete müssen beachtet werden (auf der Skitouren-Schautafel bei der Hütte nachzulesen)

NOV	DEZ	JAN	FEB	MÄR	APR

WEGBESCHREIBUNG

Über die mautpflichtige Rossfeldstraße (derzeit 8,50 € Gebühr pro PKW) gelangt man zur Enzianhütte auf 1.220 m. Direkt an der Enzianhütte befindet sich der Skitouren-Parkplatz. Von dort geht man links an der Hütte vorbei direkt an den Beginn des breiten baumlosen Wiesenhanges. Die ersten 200 Hm geht es auf der rechten Hangseite über weite Serpentinen empor, bis man kurz unterhalb der Geländekante über eine Linksschleife zu den Eckeralmen gelangt. Die Almen werden nun auf flachem Gelände passiert, bis sich das Gelände wieder aufsteilt und man erneut auf der rechten Hangseite emporsteigt. Kurz bevor sich der Lärchenwald verdichtet, quert man den Hang nach links in eine Waldschneise, die direkt unter das Purtschellerhaus führt. Dort steigt man jetzt direkt in Falllinie des Purtschellerhauses durch den steilen Lärchenwald hinauf bis zur Berghütte auf 1.692 m. Diese passiert man rechts und erreicht den Grat, der Richtung Hoher Göll zieht und zu einer Aussichtsloge auf dem Eckerfirst auf 1.770 m leitet.

Die Abfahrt erfolgt entlang der Aufstiegsspur, da sich im Wald eine ausgewiesene Wildschutzzone befindet. Bevor man die Abfahrt einleitet, sollte noch ein kurzer Blick auf die Skitourentafel am Purtschellerhaus geworfen werden, die die Aufstiegs- und Abfahrtsspur und die aktuelle Wildschutzzone beschreibt.

Ausblick von der Purtschellerhaus-Terrasse auf den Untersberg

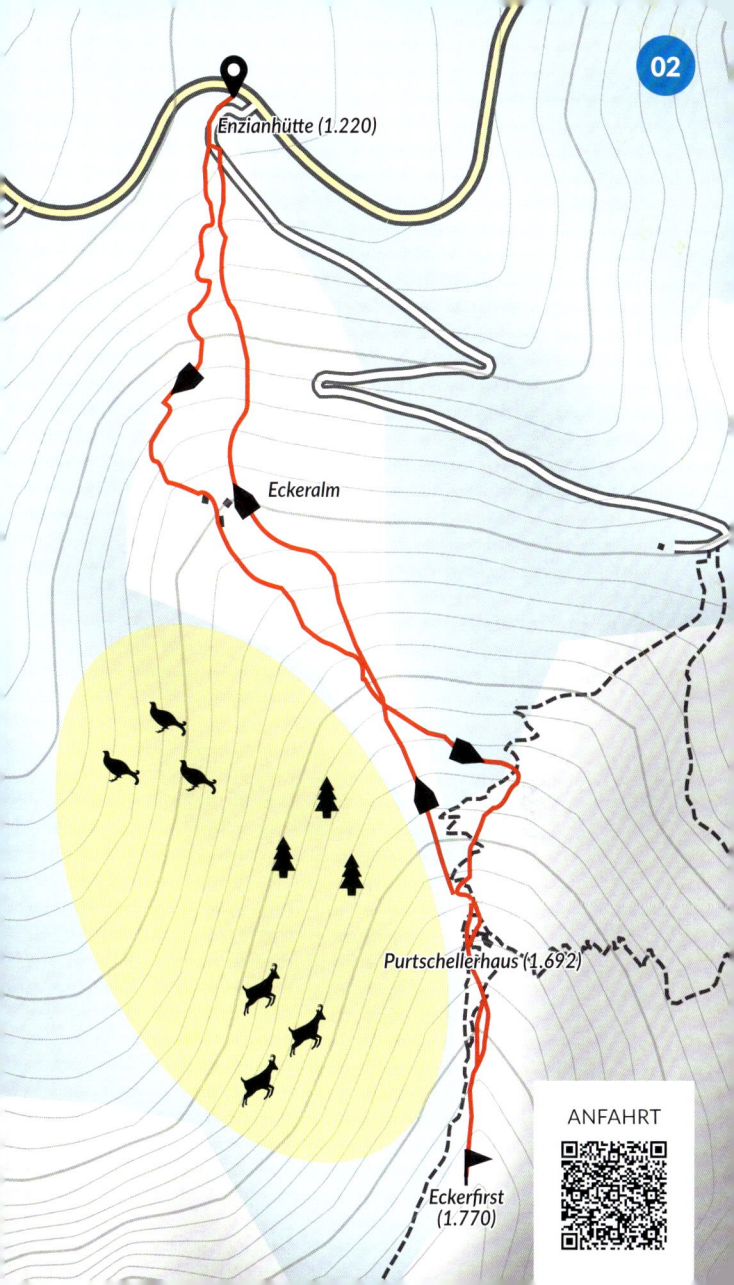

02

Enzianhütte (1.220)

Eckeralm

Purtschellerhaus (1.692)

Eckerfirst
(1.770)

ANFAHRT

Kehlsteinforststraße mit Blick aufs Kehlsteinhaus
HOHER GÖLL, ROSSFELD

KEHLSTEIN, 1.881 m

Die Parade-Skitour für diejenigen, die den Winter-Auftakt kaum erwarten können: Schon früh im Winter gelangen die Tourengeher auf der Forststraße hinauf zu dem Gipfel, der einen Ausblick über den ganzen Berchtesgadener Talkessel freigibt. Im Hochwinter allerdings ist die Tour wegen des Lawinenrisikos zu gefährlich.

 12,1 km   3,5 Std.   920 Hm   Nord, Nord-Ost

STARTPUNKT: Wanderparkplatz Obersalzberg, 963 m
ENDPUNKT: Kehlstein, 1.881 m
ANFORDERUNG: Im Frühwinter leicht, bei mehr Schnee immer schwieriger und lawinengefährlich, gute Skitourentechnik ist Voraussetzung

Kehlsteinforststraße aus der Vogelperspektive

 Schneebrettgefahr im Hochwinter

 Hotel Kempinski, Gasthaus Sonneck, Hochlenzer

 Wald-Wild-Schongebiet in Richtung Ofneralm und über Kehlriedel, daher Abfahrt über Aufstiegsspur

NOV	DEZ	JAN	FEB	MÄR	APR

WEGBESCHREIBUNG

Start ist der öffentliche Parkplatz kurz vor der Rossfeld-Mautstelle in der Nähe der Klaushöhe (Südauffahrt). Der alte Skitourenparkplatz am Hotel Kempinski ist privat und darf von den Skitourengehern nicht mehr genutzt werden.

Vom Parkplatz geht man der Scharitzkehlstraße entlang einige Meter in Richtung Westen (Richtung Hotel Kempinski), auf eine oberhalb querende Brücke zu. Kurz davor steigt man rechts auf den Wall hinauf und gelangt somit auf die Kehlsteinstraße, die im Sommer von den Bussen genutzt wird. Mittels der Brücke überquert man dann die darunter liegende Scharitzkehlstraße und folgt dem Straßenverlauf weiter nach oben, bis man zu einer Wegkreuzung kommt, über die man gerade hinübergeht. An der nächsten Abzweigung verlässt man die Busstraße nach links und hält sich entlang des Wanderweges. Man folgt immerwährend den als Wanderwegen (Richtung Kehlstein) ausgeschilderten aufwärts führenden Forstwegen, deren Wegverlauf in einen Kessel führt. Von dort kommt man über mehrere Kehren zum Beginn des steilen und felsigen Gipfelaufbaus, unter dem man nach rechts zum Buswendeparkplatz (1.700 m) quert. Dort befindet sich auch ein Unterstand, in dem man sich bei schlechtem Wetter umziehen kann. An der Bushaltestelle vorbei, in Richtung Westen zum Beginn des Kehlsteingipfel-Fußweges. Hier geht es über flache Serpentinen, allerdings in sehr steilem Gelände aufwärts, bis man zum Grat kommt, der einen links am Kehlsteinhaus vorbei und zum Schluss über flaches Gelände zum Gipfelkreuz führt.

Die Abfahrt erfolgt über die Aufstiegsroute. Bei wenig Schnee im oberen schmalen Gratbereich vom Kehlsteinhaus sollte man besser zu Fuß absteigen.

Blick zum Hohen Göll mit Mannlgrat

Kempinski Hotel

HINTERECK

KLAUSHÖHE

Kehlsteinbus-
Abfahrtsstelle
im Sommer

Buswendepark-
platz (1.700)

Kehlsteinhaus
(1834)

Kehlstein
(1.881)

ANFAHRT

Auf dem Weg durch die Umgänge zum Gipfel
HOHER GÖLL, ROSSFELD

HOHER GÖLL, 2.522 m

04

*Nur komplette Skitourengeher sollten sich diese anspruchsvolle Tour
zutrauen: Nicht nur eine Tragepassage mit Seilversicherung, sondern
insbesondere die stellenweise steile und enge Abfahrt verlangen das
ganze Können. Ein einzigartiges Gipfelkreuz krönt diesen grenzüber-
schreitenden Skitourenberg.*

11 km   4,5 Std.   1.460 Hm   West, Süd

STARTPUNKT:	Parkplatz Hinterbrand, 1.110 m
ENDPUNKT:	Hoher Göll 2.522 m
ANFORDERUNG:	Alpine Erfahrung, gute Kondition und Skitechnik sind Voraussetzung, im Frühjahr unbedingt Harscheisen mitnehmen

Pause kurz vor den Umgängen

Mäßige Lawinengefährdung

Gasthof Vorderbrand

Kein Wald-Wild-Schongebiet

NOV   DEZ   JAN   **FEB**   MÄR   APR

WEGBESCHREIBUNG

Der Ausgangspunkt der Skitour befindet sich unweit des Hauptparkplatzes Hinterbrand am östlichen Straßenrand der Scharitzkehlstraße. Von hier orientiert man sich entlang des Sommerweges Richtung Hoher Göll, der in der Waldschneise empor steigt. Nach ca. 20 Minuten erreicht man eine seilversicherte Felswand, die von rechts nach links gequert werden muss. Hier ist Vorsicht geboten, da bei großem Schneeaufkommen Absturzgefahr herrscht. Am Ende des Bandes wieder in der rinnenartigen Schneise des Alpetales höher steigen, bis man ein Felsband erreicht, das über eine Schleife umgangen wird. Über den steilen Hang geht es weiter hinauf, bis sich das Alpeltal etwas abflacht und man einen Kessel erreicht, den man mittig durchquert, bis sich die nächste Steilstufe auftürmt. Den steilen Hang über eine Rechtsschleife überwinden und im rechten Bereich aufsteigen, damit man das Ende des Alpeltales erreicht, wo sich ein riesiges Kar, das den Namen „Umgänge" trägt, öffnet. Jetzt lässt sich erstmals der Hohe Göll erblicken und man quert über muldenartiges Gelände, auf und absteigend – sich zuerst rechts haltend – das riesige Kar, bis man sich im hinteren Teil des Kessels links an der Flanke des Hohen Gölls Richtung Göllscharte orientiert. An der Göllscharte in nördlicher Richtung den breiten Rücken hinauf zum Vorgipfel des Hohen Gölls mit dem Kuchler Kreuz. Von dort in wenigen Gehminuten den Kamm entlang zum Hauptgipfel, 2.522 m, der sich die letzten Meter noch einmal kurz aufsteilt. Vorsicht vor Überwechtung!

Die Abfahrt erfolgt entlang der Aufstiegsspur. Es ist ratsam, mit der Abfahrt abzuwarten, bis die schattigen Hänge auffirnen.

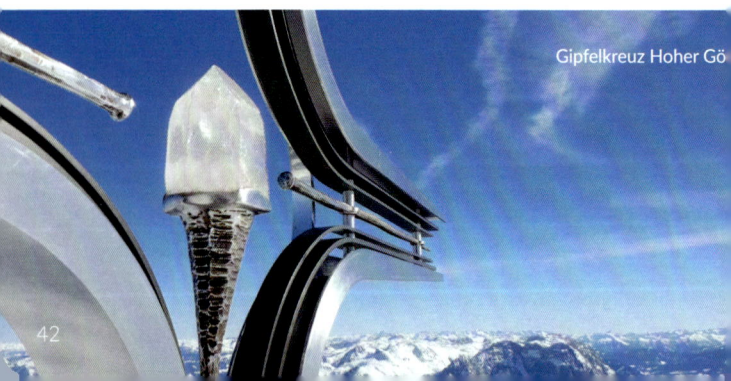

Gipfelkreuz Hoher Gö

04

Großer Archenkopf
(2.391)

Kuchler
Kreuz

Hoher Göll
(2.252)

Umgänge

Umgänge

Pflughörndl
(2.047)

2.200

Hohes Brett
(2.340)

Alpelköpfe
(1.923)

Dürreckberg
(1.785)

Brettgabel
(1.805)

Hinterbrand

ANFAHRT

Gebirgsstock
Hagengebirge

Die letzten Meter zur Jennerbahn-Bergstation
HAGENGEBIRGE

JENNER, 1.874 m

Hier trifft sich die Skitourenszene: Der Jenner ist eins der beliebtesten Ziele, ein „Modeberg", wo sich Anfänger wie auch Skitourenprofis treffen. Problemlos kann man ins Aufsteigen abseits der Pisten hineinschnuppern, ohne Tiefschnee-Erfahrung mitbringen zu müssen.

 12,5 km | 3,5 Std. | 1.250 Hm | Süd, Süd-West

STARTPUNKT: Parkplatz Königssee, 615 m
ENDPUNKT: Jenner-Aussichtsplattform, 1.874 m
ANFORDERUNG: Keine, da Abfahrt über Piste

Gipfel vom Kleinen Jenner

Geringe, da in Pistennähe gesprengt wird

Mitterkaseralm, Dr.-Hugo-Beck-Haus

Pistenregeln beachten, späteste Abfahrt 16 Uhr
Wald-Wild-Schongebiet am Jennergipfel

NOV	DEZ	JAN	FEB	MÄR	APR

WEGBESCHREIBUNG

Die Tour startet am Parkplatz Königssee. Von dort geht man noch ca. 200 m zu Fuß in Richtung Jennerbahn-Talstation, wo die Piste beginnt. Die ersten 150 Höhenmeter geht es am rechten Pistenrand der Talabfahrt entlang, bis an einem Hinweisschild für Skitourengeher der Weg nach rechts auf einen Forstweg, die sogenannte Hochbahn, in den Wald abzweigt. Nun folgt man die nächsten 500 Hm dem Forstweg, der wunderschöne Tief- und Ausblicke auf Königssee und Watzmann gewährt. Bei ca. 1.200 m lichtet sich der Wald und man gelangt auf die freie Almfläche der Königsbachalmen. Am Ende der Almfläche kommt man zu einer Weggabelung, wo der Weiterweg nach rechts sehr steil bergauf führt und nach weiteren 50 Hm links in den Wald abbiegt. Der Forstweg führt jetzt durch dichten Fichtenwald, bis auf ca. 1.600 m die Flächen wieder freier werden und man auf Höhe der Königsbergalm nach links in den Graben abbiegt. Unterhalb der Königsbergalm führt die Spur auf der linken Hangseite direkt auf die Skipiste unterhalb der Jenner-Bergstation. An der Piste angelangt, orientiert man sich an deren Rand weiter aufwärts direkt zur Bergstation. Am besten lässt man seine Skier an der Bergstation, um die letzten Meter zum Gipfel zu Fuß zu bewältigen. Am Gipfelplateau auf 1.874 m und von der Aussichtskanzel warten ein grandioser Tiefblick auf St. Bartholomä, den Königssee sowie ein herrlicher Rundumblick über die Berchtesgadener Berglandschaft.

Zu Fuß zurück zum Skidepot an der Jenner-Bergstation und von hier erfolgt die Abfahrt über die Piste direkt ins Tal zum Parkplatz Königssee zurück.

Jenner-Gipfel mit Blick auf Königssee und Watzmann

Hundskehl
(717)

Vorderer Brandkopf
(1.068)

Hinterer Brandkopf
(1.156)

Brettgabel
(1.805)

Talstation
KÖNIGSSEE

Jennerbahn

Mittelstation

Dr.-Hugo-Beck-Haus

Hochbahn

1.700
Mitterkaseralm

Berg-
station

Königssee

Strubkopf
(1.271)

Jenner-Gipfel
(1.874)

Königsberg-
alm

Königsberg
(1.656)

Büchsenkopf
(1.247)

Königstal-
alm

Königsbachalmen

Sillenköpfe
(1.455)

ANFAHRT

Aufstieg im Tiefschnee: Im Hintergrund die
Büchsenalmen und der Watzmannstock

HAGENGEBIRGE

CARL-VON-STAHL-HAUS, 1.728 m

Seit Generationen bereits ist das Carl-von Stahl-Haus eine alteingesessene Skitourenhütte: Sie gehört zum Skitourenwinter wie die Flocke zum Schnee und ist ganzjährig, sieben Tage die Woche geöffnet: Nach der zünftigen Hütteneinkehr erfolgt die Abfahrt über die präparierte Jenner-Skipiste.

🔄 13 km   🕐 4 Std.   ↗ 1.290 Hm   🧭 Süd, Süd-West

STARTPUNKT: Parkplatz Königssee, 615 m
ENDPUNKT: Torrener Joch, Carl-von-Stahl-Haus, 1.728 m
ANFORDERUNG: Keine, da Abfahrt über Piste

Vorbei an den Königsbachalmen

❄ Geringe, da in Pistennähe gesprengt wird

🍴 Berghütte Carl-von-Stahl-Haus

🌲 Pistenregeln beachten, späteste Abfahrt 16 Uhr
Wald-Wild-Schongebiet, Gamswild oberhalb Stahlhaus

NOV	DEZ	JAN	FEB	MÄR	APR

WEGBESCHREIBUNG

Die Tour startet am Parkplatz Königssee. Von dort geht man noch ca. 200 m zu Fuß in Richtung Jennerbahn-Talstation, wo die Piste beginnt. Die ersten 150 Hm geht es am rechten Pistenrand der Talabfahrt entlang, bis an einem Hinweisschild für Skitourengeher der Weg nach rechts auf einen Forstweg, die sogenannte Hochbahn, in den Wald abzweigt. Nun folgt man die nächsten 500 Hm dem Forstweg, der wunderschöne Tief- und Ausblicke auf Königssee und Watzmann gewährt. Bei ca. 1.200 m lichtet sich der Wald und man gelangt auf die freie Almfläche der Königsbachalmen. Am Ende der Almfläche gelangt man zu einer Weggabelung, wo der Weiterweg nach rechts sehr steil bergauf führt und nach weiteren 50 Hm links in den Wald abbiegt. Der Forstweg führt jetzt durch dichten Fichtenwald, bis auf ca. 1.600 m die Flächen wieder freier werden. Auf der Höhe der Königsbergalm biegt man nicht nach links Richtung Jenner in den Graben ab, sondern geht geradeaus weiter. Wenige Minuten später passiert man mehrere Almhütten und auch eine Berghütte, das Schneibsteinhaus, ist bereits zu sehen. Die Spur schlängelt sich nun weiter Richtung Schneibsteinhaus, welches man rechts liegen lässt. In wenigen Gehminuten gelangt man zum Kamm des Torrener Jochs mit dem Carl-von-Stahl-Haus, welches das ganze Jahr außer Heiligabend, sprich 364 Tage im Jahr, geöffnet hat.

SCHWOB

Vorderer Brandkopf
(1.068)

Dürreckberg
(1.785)

Hinterer Brandkopf
(1.156)

Brettgabel
(1.865)

Talstation

NIGSSEE

Jennerbahn

Mittelstation

Königssee

Hochbahn

Strubkopf
(1.271)

Bergstation

Jenner-Gipfel
(1.874)

Carl-von-Stahl-Haus

Königsberg-
alm

Büchsenkopf
(1.247)

Königsbachalmen

Königsberg
(1.656)

Königstal-
alm

Sillenköpfe
(1.455)

Farnleiten
(1.716)

Priesbergalm

1.400

ANFAHRT

Vom Stahlhaus geht es entweder über die Aufstiegsspur zurück zum Ausgangspunkt oder man zweigt Richtung Jenner-Skipiste ab. Wenn man die Pistenvariante wählt, folgt man ein paar Meter der Aufstiegsspur zurück und biegt dann rechts Richtung Westen ab. Auch wenn der Weg anfangs tendenziell leicht abfällt, sollte man Felle aufziehen, da nach ein paar hundert Metern der Weg wieder ansteigt. Jetzt quert man längere Zeit einen steilen Hang und dahinter noch einen Graben, bis man hinauf zur Gratschneide, dem Pistenbeginn und zum Abfellplatz kommt. Von hier erfolgt die Abfahrt über die Piste direkt ins Tal zum Parkplatz Königssee zurück.

Rückweg zur Piste

Carl von Stahlhaus

in den Berchtesgadener Alpen, 1.736 m

Idealer Winterstützpunkt für Eure Skitouren
und Schneeschuhwanderungen.
Bei Übernachtung bitte reservieren unter
www.stahlhaus.at

Foto: BGLT S. Wurm

Die letzten Meter zum Schneibstein-Gipfel, im
Hintergrund Fagstein und Steinernes Meer

SCHNEIBSTEIN, 2.276 m

In den meisten Fällen wird der Schneibstein nur als Aufstiegsberg für die Kleine Reibn genutzt, doch damit verkennt man seine wahren Qualitäten. Bei guten Verhältnissen – meist erst spät im Winter, wenn Schnee ohne Windeinfluss gefallen ist – bietet der Schneibstein ein pures Abfahrtserlebnis.

🌀 14 km   🕐 4 Std.   ↗ 1.200 Hm   🧭 Süd, Süd-West

STARTPUNKT: Parkplatz Hinterbrand, 1.131 m
ENDPUNKT: Schneibstein, 2.276 m
ANFORDERUNG: Technisch im mittleren Anspruchsbereich

Schneibstein mit Reinersberg und Windschartenkopf

🌀 Geringe Lawinengefährdung

🍴 Berghütte Carl-von-Stahl-Haus

🌲 Wald-Wild-Schongebiet, Gamswild oberhalb vom Stahlhaus, Schneehuhngebiet am Schneibstein

NOV	DEZ	JAN	FEB	MÄR	APR

WEGBESCHREIBUNG

Die Tour startet am Parkplatz Hinterbrand. Von hier dem Wanderweg in südlicher Richtung zur Jennerbahn-Mittelstation folgen. An der Mittelstation vorbei und die Skipiste queren, um auf den Almweg zur Königsbachalm zu kommen. Dem Almweg ohne merklichen Höhengewinn an der Westflanke des Jenners entlang folgen, bis er kurz vor der Königsbachalm leicht abfällt. Bis zur Brücke des Königsbachs absteigen und hier der Spur des Sommerweges entlanggehen, der steil nach links hochzieht. Dem Weg für ca. 50 Hm folgen, bis dieser scharf links in den Wald abbiegt. Hier immer weiter durch den Wald, bis sich das Tal weitet und sich die Flächen lichten. Der Spur weiter bis am Schneibsteinhaus vorbei folgen. Kurz nach dem Schneibsteinhaus gelangt man zum Kamm des Torrener Jochs mit dem Carl-von-Stahl-Haus. Vom Carl-von-Stahl-Haus orientiert man sich Richtung Süd-/Südost und folgt dem Sommerweg zum Schneibsteingipfel, der anfangs über einen breiten Rücken führt, bis man zum ersten Aufschwung kommt. Dieser ist meist abgeblasen und latschendurchwachsen. Hier ist die beste Linie gefragt, die am wenigsten Vegetation trifft. Am Ende des ersten Aufschwunges flacht sich das Gelände ab und man orientiert sich weiterhin direkt Richtung Gipfel. Es geht nun monoton in gleichbleibender Steigung, tendenziell über die rechte Bergseite auf den eierförmigen Gipfel des Schneibsteins auf 2.276 m.

Abfahrt erfolgt zunächst entlang der Aufstiegsspur. Wichtig ist es, die offenen Vegetationsstellen zu umfahren.

Am Carl-von-Stahl-Haus angelangt, fährt man die Aufstiegsspur wenige Meter zurück und biegt dann rechts Richtung Westen und Jenner ab. Anfangs fällt der Weg noch leicht ab, steigt dann

Glückliche Gesichter am Schneibstein-Gipfel

aber leicht, während man längere Zeit einen steilen Hang quert. Den dahinter liegenden Graben noch durchqueren, bis man hinauf zur Gratschneide, dem Pistenbeginn und zum Abfellplatz kommt. Von hier erfolgt die Abfahrt über die Piste, zuletzt über den Krautkaserhang. Von dort gelangt man über den Sommerweg zurück zum Hinterbrand-Parkplatz.

ANFAHRT

Aufstieg entlang des Südostrückens
in Richtung Kahlersberg-Gipfel

HAGENGEBIRGE

KAHLERSBERG, 2.350 m

*Eine anspruchsvolle, sportliche Skitour, die eine Portion Mut erfordert:
Schon der Anstieg ist lang und die Abfahrt durch die steile Nordflanke stellt
höchste Ansprüche, da sie durch alpines, schwieriges Gelände verläuft.*

24 km   12 Std.   1.800 Hm   West, NW, NO

STARTPUNKT: Parkplatz Hinterbrand, 1.131 m
ENDPUNKT: Kahlersberg, 2.350 m
ANFORDERUNG: Konditionell und technisch schwer

Blick vom Windschartenkopf zum Kahlersberg

Mittlere Lawinengefährdung

Gasthof Vorderbrand, Carl-von-Stahl-Haus

Wald-Wild-Schongebiet nähe Stahlhaus, Gamswild
unter den Südhängen des Windschartenkopfs

NOV	DEZ	JAN	FEB	MÄR	APR

WEGBESCHREIBUNG

Die Tour startet am Parkplatz Hinterbrand. Von hier dem Wanderweg in westlicher Richtung zur Jennerbahn-Mittelstation folgen. An der Mittelstation vorbei und die Skipiste queren, um auf den Almweg zur Königsbachalm zu kommen. Dem Almweg ohne merklichen Höhengewinn an der Westflanke des Jenners entlang folgen, bis er kurz vor der Königsbachalm leicht abfällt. Bis zur Brücke des Königsbachs absteigen und hier der Spur des Sommerweges entlanggehen, der steil nach links hochzieht. Dem Weg für ca. 50 Hm folgen, bis dieser scharf links in den Wald abbiegt. Hier immer weiter durch den Wald, bis sich das Tal weitet und sich die Flächen lichten. Der Spur weiter bis zum Schneibsteinhaus und Carl-von-Stahl-Haus auf dem Torrener Joch folgen.

Vom Torrener Joch in südöstlicher Richtung den breiten Kamm in Richtung Schneibstein gehen. Den latschenbewachsenen Vorbau im zentralen und rechten Bereich hochsteigen, bis man links über die Kante kommt und auf dem flachen Verbindungsrücken weiter in Richtung Gipfel steigt. Sobald sich das Gelände aufsteilt, zur rechten Hangseite ausqueren und den Gipfel über die rechte Bergseite besteigen. Am Gipfel abfellen und in

südlicher Richtung das breite Plateau abfahren, bis man zu der Windscharte unterhalb des Windschartenkopfs gelangt.

Von hier die Felle wieder aufziehen und den nordöstlichen Hang bis zum Gipfel des Windschartenkopfes aufsteigen. Vom Gipfel geht es in südlicher Richtung über den breiten Kamm des Windschartenkopfs hinab und, auf die Ostseite wechselnd, hinunter auf die plateauartige Hügellandschaft. Von hier wieder anfellen und über kupiertes Gelände zum linken Ausläufer des Kahlersberges gehen. Nun von links über den breiten Südostrücken emporsteigen, noch über einen kurzen Steilaufschwung und über leichtes Gelände zum Gipfelkreuz hinauf.

Vom Gipfel fährt man ein kurzes Stück entlang der Aufstiegsspur zurück, bis ein angedeuteter Sattel nach links in die steile Nordflanke führt. Der sehr steile, felsdurchsetzte Nordosthang ist nur für ausgesprochen gute Skifahrer und bei stabiler Lawinenlage geeignet. Den Hang nicht ganz bis zum Grund abfahren, sondern im unteren Drittel nach links in westlicher Richtung queren, um in die felsdurchsetzte Westflanke, die zum Seeleinsee hinabführt, zu kommen. Die Bänder schräg rechts abfahren, bis man im Talgrund

Strecke vom Seeleinsee zum Brotzeitfelsen, im Hintergrund die Kahlersberg Westflanke

des Seeleinsees wieder anfellt und weiter in nordwestlicher Richtung zu den Westhängen der Hohen Rossfelder quert. Über die breiten Hänge der Hohen Rossfelder zu den Priesbergalmen abfahren, dann kurz nach den beiden oberen Almhütten nordwärts die flache Senke durchqueren, bis man zurück auf den Sommerweg und zur Brücke oberhalb der Königsbachalm gelangt. Von dort geht es über gleichen Weg zurück zum Parkplatz Hinterbrand.

Kahlersberg Gipfelkreuz

Hoher Göll
(2.252)

Brettgabel
(1.805)

Großer Archenkopf
(2.391)

Mittelstation

Hohes Brett
(2.340)

Dr.-Hugo-Beck-Haus

Carl-von-Stahl-Haus

Jenner-Gipfel
(1.874)

Schneib-
steinhaus

Königsbachalm

Königstalalm

Schneibstein
(2.276)

Sillenköpfe
(1.455)

Farnleiten
(1.716)

Reinersberg

Priesbergalm

Rothspielscheibe
(1.940)

Brenneteck
(1.960)

Hohe Rossfelder

Fagstein
(2.164)

Windschartenkopf
(2.211)

Hochseeleinkopf
(2.105)

Gotzentauern
(1.858)

Seeleinsee

Mannlhöhe
(2.050)

Lafeldkopf
(2.074)

Kahlersberg
(2.350)

ANFAHRT

Abfahrt vom Schneibstein Richtung
Windschartenkopf, rechts der Fagstein

HAGENGEBIRGE

KLEINE REIBN, 2.276 m

Der Skitouren-Klassiker der Berchtesgadener Alpen: Auch wenn die Kleine Reibn relativ stark frequentiert ist, lohnt diese Runde aufgrund des grandiosen Naturschauspiels in der einmaligen Berglandschaft und dem Panorama de luxe.

🔄 14,5 km   🕐 4 Std.   ↗ 720 Hm   🧭 alle Expositionen

STARTPUNKT: Jennerbahn-Bergstation, 1.802 m, alternativ auch Parkplatz Königssee, 615 m
HÖCHSTER PUNKT: Schneibstein, 2.276 m
ANFORDERUNG: Konditionell und technisch mittel

Querung zum Windschartenkopf

🎯 Mittlere Lawinengefährdung

🍴 Carl-von-Stahl-Haus, Bäckerei Zechmeister, Café Glustl

🌲 Wald-Wild-Schongebiet nahe Stahlhaus und an Süd-hängen Fagstein, Schneehuhngebiet am Schneibstein

NOV	DEZ	JAN	FEB	MÄR	APR

WEGBESCHREIBUNG

Die Tour startet an der Bergstation der Jennerbahn. Von der Bergstation über die Piste in südöstlicher Richtung bis zum Sattel abfahren, die Felle aufziehen und an der Piste entlang zum Kamm aufsteigen, von dem aus die Schilder Richtung Stahlhaus weisen. Leicht abfallend den Hang entlang weiter, den Graben queren und bei der Abzweigung links Richtung Carl-von-Stahl-Haus aufsteigen. Das Carl-von-Stahl-Haus am Torrener Joch bietet den ganzen Winter Übernachtungsmöglichkeiten für Tourengeher. Wer die Tour am Königssee-Parkplatz starten möchte, kann mit den Skiern zum Stahlhaus aufsteigen (wie in Tour 6 beschrieben).

Vom Torrener Joch weiter in süd-/südöstlicher Richtung zum Schneibstein. Den ersten Anstieg über Latschenhänge empor, bis dieser überwunden ist und man über einen leichten Linksbogen auf den Gipfel des Schneibsteins, 2.276 m, gelangt. Von hier erfolgt die Abfahrt, welche mit einzelnen Stangen markiert ist, in südlicher Richtung über breite Hänge zur

Windscharte unterhalb des Windschartenkopfes. An der westlichen Felsflanke des Windschartenkopfes vorbei queren und steil in die Mulde zwischen Fagstein und Hochseeleinkopf abfahren. Entlang des Talverlaufes in Richtung Südwesten abfahren und vor der Bergwachthütte rechts oberhalb des Seeleinsees unter den Südwänden des Fagsteins in eine Mulde, zu einem großen Brotzeitstein, hinabfahren. Hier auffellen, einen lawinengefährdeten Graben queren und über einen langgezogenen Rechtsbogen zu den Hohen Rossfeldern aufsteigen. Über die breiten Hänge der Hohen Rossfelder zu den Priesbergalmen abfahren, dann kurz nach den beiden oberen Almhütten nordwärts die flache Senke durchqueren, bis man zurück auf den Sommerweg kommt. Den Sommerweg über die Königsbachalmen und die Hochbahn abfahren, bis er im unteren Drittel auf die Skipiste trifft. Die Piste weiter abfahren, bis man an der Talstation ankommt. Von hier zu Fuß zum Parkplatz zurück.

Abfahrt zum Seeleinsee

Rab®

KHROMA

WIR SIND EXPERTEN IN SACHEN ERKUNDUNG.

Aufbauend auf unserer jahrzehntelangen Erfahrung als Hersteller von hochwertiger Ausrüstung und Bekleidung für Bergsteiger und Alpinsten haben wir Khroma entwickelt, Rabs erste Kollektion für Skibergsteiger. Die Khroma Kollektion ist strapazierfähig und schützt alle, die Aufstieg und Abfahrt gleichermaßen lieben.

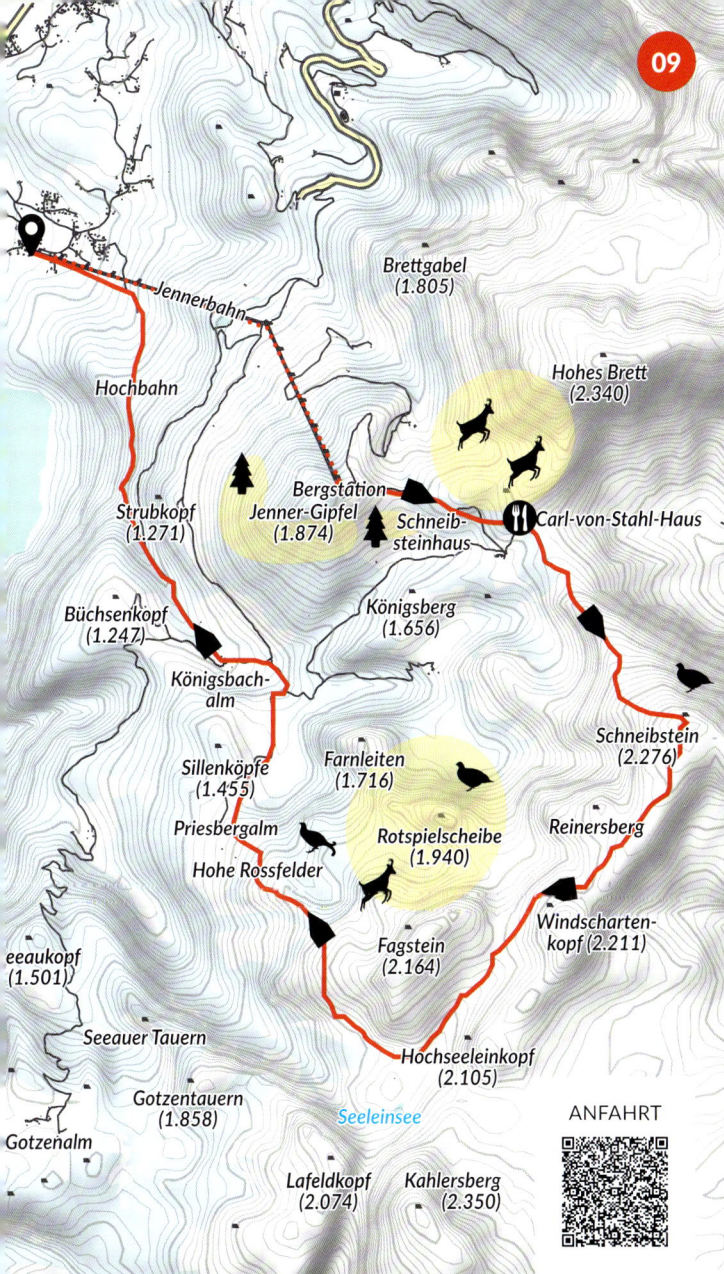

Brettgabel
(1.805)

Hohes Brett
(2.340)

Jennerbahn

Hochbahn

Bergstation
Jenner-Gipfel
(1.874)

Schneib-
steinhaus

Carl-von-Stahl-Haus

Strubkopf
(1.271)

Büchsenkopf
(1.247)

Königsberg
(1.656)

Königsbach-
alm

Schneibstein
(2.276)

Sillenköpfe
(1.455)

Farnleiten
(1.716)

Priesbergalm

Rotspielscheibe
(1.940)

Reinersberg

Hohe Rossfelder

Windscharten-
kopf (2.211)

eeaukopf
(1.501)

Fagstein
(2.164)

Seeauer Tauern

Gotzentauern
(1.858)

Hochseeleinkopf
(2.105)

Gotzenalm

Seeleinsee

ANFAHRT

Lafeldkopf
(2.074)

Kahlersberg
(2.350)

Höchster Punkt der Hohen Rossfelder
mit Watzmann im Hintergrund

HAGENGEBIRGE

HOHE ROSSFELDER, 2.013 m

Grandiose Abfahrt über zwei freie Hänge, wie sie in Berchtesgaden selten zu finden sind: Mit ständigem Blick auf den König Watzmann wedeln die Skifahrer hinab zur Priesbergalm. Danach erfolgt die Abfahrt auf Forststraßen, teils mit Tiefblicken zum Königssee.

 15 km   4 Std.   1.400 Hm   West, Nord-West

STARTPUNKT: Parkplatz Königssee, 615 m
ENDPUNKT: Höchster Punkt der Hohen Rossfelder, 2.013 m
ANFORDERUNG: Konditionell und technisch mittelschwer

Aufstieg zum zweiten Hang der Hohen Rossfelder

 Mittlere Lawinengefährdung

 Bäckerei Zechmeister, Café Glustl

 Wald-Wild-Schongebiet an Südhängen Fagstein, Birkwild entlang des Rückens nördlich der Rossfelder

NOV	DEZ	JAN	FEB	MÄR	APR

WEGBESCHREIBUNG

Die Tour startet am Parkplatz Königssee. Zu Fuß zur Talstation gehen und von hier am rechten Pistenrand entlang nach Südosten aufsteigen. Nach einem ersten Steilaufschwung zweigt die Skitourenspur bei einer Hinweistafel rechts in den Wald ab. Hier folgt man dem Sommerweg über die Hochbahn hinauf Richtung Königsbachalm. Der Weg verläuft steil über dem Ostufer des Königssees durch den Wald. Kurz vor der Königsbachalm lichtet sich der Wald und das Gelände wird freier. Der Weg führt durch die Almen hindurch zum oberen Waldrand, an dem sich links bei einer Brücke eine Weggabelung befindet. Hier steil rechts, dem Weg folgend, aufsteigen, bis sich nach einer Rechtskurve eine weitere Kreuzung befindet, wo man geradeaus Richtung Priesbergalmen und den Hohen Rossfeldern gelangt. Der Weg zieht ohne merkliche Steigung in südlicher Richtung an der Enzianbrennhütte vorbei und weiter durch eine Senke und an deren Ende über einen steilen Riegel zu den Priesbergalmen hinauf.
Die Priesbergalmen über einen weiten Linksbogen in Richtung Osten passieren und auf die nach rechts ziehende Rampe gehen, die zum ersten Feld der Hohen Rossfelder leitet. Das erste Feld auf der rechten Seite emporsteigen und sich dabei nach links oben zum Verbindungsrücken orientieren. Dem schmalen Rücken entlang des Gratverlaufes folgen und auf dem oberen Feld der Hohen Rossfelder über die linke Hangseite und zahlreiche Spitzkehren aufsteigen. Ein nach Süden verlaufender Kamm markiert das Ende der Felder und führt zum höchsten Punkt der Hohen Rossfelder mit einem großen Brotzeitstein.

Die Abfahrt erfolgt entlang der Aufstiegsroute zurück zum Ausgangspunkt.

Aufstieg über den Riegel zu den Priesbergalmen

10

Vorderer Brandkopf
(1.068)

Dürreckberg
(1.785)

Hinterer Brandkopf
(1.156)

Brettgabel
(1.865)

Talstation

NIGSSEE

Jennerbahn

Mittelstation

Hochbahn

Königssee

Bergstation
Jenner-Gipfel
(1.874)

Carl-von-Stahl-Haus

Strubkopf
(1.271)

Büchsenkopf
(1.247)

Königsberg
(1.656)

Königstal-
alm

Königsbachalmen

Farnleiten
(1.716)

Sillenköpfe
(1.455)

Rotspielscheibe
(1.940)

Priesbergalm

Hohe Rossfelder
(2.013)

ANFAHRT

Gebirgsstock

Steinernes Meer

GROSSE REIBN

GROSSE REIBN | TOUR 11

Aufstieg zu Ingolstädter-
haus und Hundstodscharte,
rechts der Große Hundstod

STEINERNES MEER

GROSSE REIBN, 2.578 m

Die Haute Route der Berchtesgadener Alpen, eine der klassischen großen Skidurchquerungen in den Ostalpen: Die Große Reibn gilt unter den Einheimischen als der Gradmesser für sportliche Fitness und ist daher auch fast den ganzen Winter hindurch angespurt, was die Orientierung bei dieser phantastischen Panorama-Tour erleichtert.

C 46 km   **◷** 10 – 16 Std.   **↗** 3.250 Hm   **↘** 4.390 Hm

◉ alle Expositionen

STARTPUNKT: Jennerbahn Bergstation, 1.802 m
HÖCHSTER PUNKT: Funtenseetauern, 2.578 m
ANFORDERUNG: Konditionell und technisch
                   sehr anspruchsvoll

Aufstieg durch die Steinige Grube hinauf zum Funtenseetauern

◉ Höhere Lawinengefährdung

◉ Carl-von-Stahl-Haus, Kärlingerhaus,
Wirtshaus Hocheck, Gasthof Wimbachklamm

◉ Wald-Wild-Schongebiet nahe dem Stahlhaus
und im Wimbachgries

DEZ	JAN	**FEB**	**MÄR**	**APR**	MAI

WEGBESCHREIBUNG

Die Tour startet am Parkplatz Königssee. Von hier mit der Bahn zur Bergstation fahren. Von der Bergstation über die Piste in südöstlicher Richtung bis zum Sattel abfahren, die Felle aufziehen und an der Piste entlang zum Kamm aufsteigen, von dem aus die Schilder Richtung Stahlhaus führen. Leicht abfallend auf linker Hangseite weiter, den Graben queren und bei der Abzweigung links Richtung Carl-von-Stahl-Haus aufsteigen. Das Stahlhaus bietet den ganzen Winter Übernachtungsmöglichkeiten für Tourengeher. Vom Torrener Joch weiter in süd-/südöstlicher Richtung zum Schneibstein. Den ersten Anstieg über Latschenhänge empor, bis dieser überwunden ist und man über einen leichten Linksbogen auf den Gipfel des Schneibsteins, 2.276 m, gelangt. Von hier folgt die erste Abfahrt in südlicher Richtung über breite Hänge zur Windscharte unterhalb des Windschartenkopfes.

Von hier die Felle wieder aufziehen und den nordöstlichen Hang bis zum Gipfel des Windschartenkopfes, 2.211 m, aufsteigen. Vom Gipfel geht es in südlicher Richtung über den breiten Kamm des Windschartenkopfs hinab und auf die Ostseite wechselnd hinunter auf die plateauartige Hügellandschaft. Von hier wieder anfellen und über kupiertes Gelände zum linken Ausläufer des Kahlersberges gehen. Der Kahlersberg wird links umgangen und über Mulden und leichtes Gelände im Auf und Ab zum Blühnbachkopf (in vielen GPS-Karten

Abfahrt zu Funtensee und Kärlingerhaus

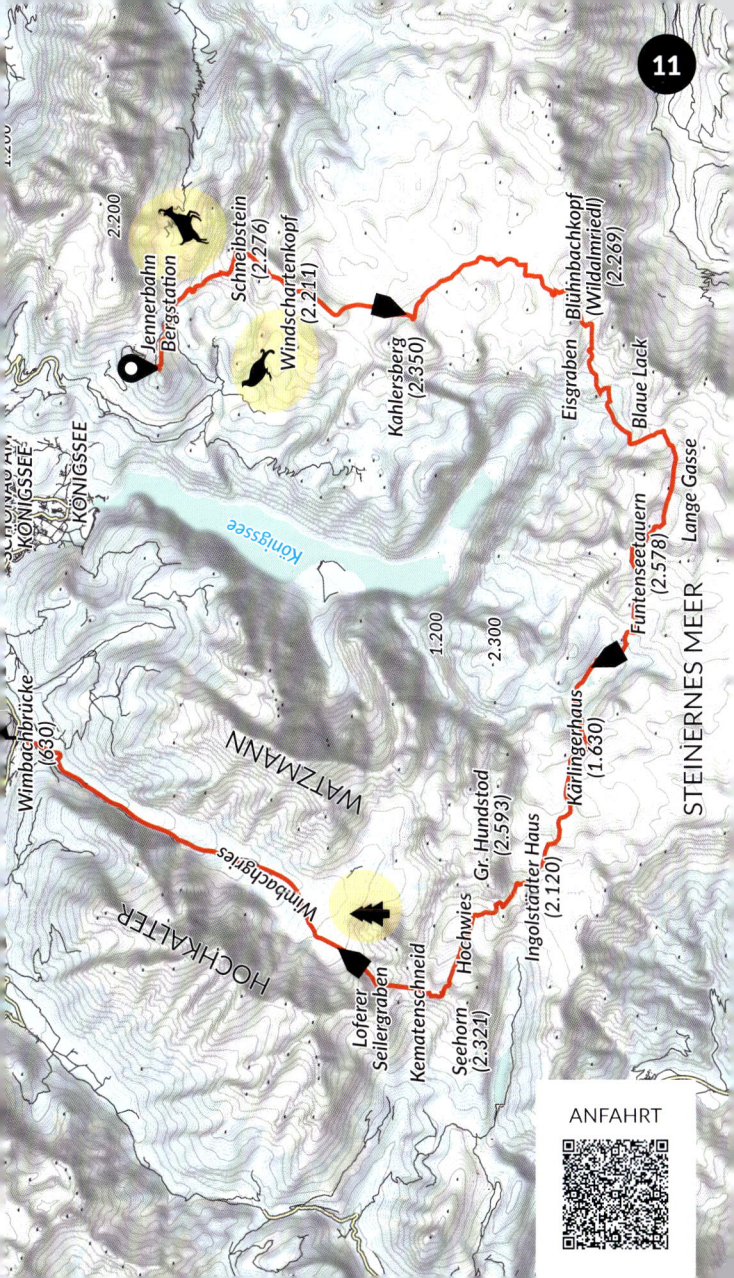

11

Jennerbahn Bergstation

Schneibstein (2.276)

Windschartenkopf (2.211)

Kahlersberg (2.350)

KÖNIGSSEE

ST. BARTHOLOMÄ AM KÖNIGSSEE

Königssee

Blühnbachkopf (Wildalmriedl) (2.269)

Eisgraben

Blaue Lack

Lange Gasse

Funtenseetauern (2.578)

STEINERNES MEER

WATZMANN

Wimbachbrücke (630)

Wimbachgries

HOCHKALTER

Loferer Seilergraben

Kematenschneid

Seehorn (2.321)

Hochwies

Gr. Hundstod (2.593)

Ingolstädter Haus (2.120)

Kärlingerhaus (1.630)

1.200

2.300

1.200

2.200

2.200

ANFAHRT

als Wildalmriedl bezeichnet). Nochmals kurz abfahren, dann aufwärts zum Jägerbrunntrog. Unterhalb der Eisgrabenscharte in westlicher Richtung und über einen Rechtsknick abfahren, bis der steile Südhang in den Eisgraben leitet. Den Steilhang abfahren und im Eisgraben beim beginnenden Baumbestand auf die linke Bergseite queren und nochmals kurz abfahren, bis man zum Schönfeld gelangt. Hier wieder auffellen und durch ein breites Kar zur Blauen Lack' aufsteigen. An dieser links vorbei und den ausgeprägten Rücken anvisieren, der die „Lange Gass'" markiert. Nach der Langen Gass' zwischen Wildalmrotkopf und Leiterkopf zur Steinigen Grube. Diese durchquert man am rechten Rand und steigt über die Südhänge den Funtenseetauern, 2.578 m, hinauf. Vom Gipfel geht es ein kurzes Stück flach zurück in Richtung Ledererköpfe. Von diesen fährt man nach Westen über einen breiten Hang ins Ledererkar ab und dann durch den Stuhl- und Rennergraben zum Funtensee. Vom Ufer des Funtensees noch einen kurzen Gegenanstieg zum Kärlingerhaus auf 1.630 m.

Vom Kärlingerhaus über die freie Fläche und durch die Senke westwärts in Richtung Wald orientieren und den bewaldeten Hang, unterhalb der Wände des Viehkogels entlang, bis zum Hirschtörl aufsteigen. Kurz steil nach Westen abfahren und über angenehmes Gelände in Richtung Ingolstädter Haus aufsteigen. Das Ingolstädter Haus über einen weiten Rechtsbogen umgehen und zur Hundstodscharte, die zwischen dem Kleinen und Großen Hundstod liegt, aufsteigen. Von der Scharte weiter, ohne großen Höhenverlust unterhalb der Westhänge des Großen Hundstods entlang, zum Dießbacheck. Hier die Felle abziehen und den breiten Westhang zum tiefsten Punkt in den breiten Kessel der Hochwies abfahren. Die Felle wieder aufziehen und über einen Rücken und kupiertes Gelände in westlicher Richtung zur Kematenschneid aufsteigen. Am Rücken der Kematenschneid angekommen orientiert man sich nach rechts entlang des Gratverlaufes. Den Grat entlang abfahren, bis das Gelände links Richtung Wimbachscharte abfällt. Von der Scharte geht es rechts den breiten Loferer Seilergraben hinunter, den man – sich links haltend – abfährt, bis man auf die flache Talsohle des Wimbachgrieses gelangt. Durch das Wimbachgries, soweit es möglich ist, abfahren, bis man zu Fuß oder mit den Skiern wieder zum Parkplatz an der Wimbachbrücke gelangt.

Abfahrt ins Wimbachgries, im Hintergrund der Loferer Seilergraben

Aufstieg von der Hochwies zur Kematenschneid, im Hintergrund der Große Hundstod

STEINERNES MEER

HUNDSTODREIBN, 2.221 m

Nicht nur als Trainingstour für die Große Reibn, sondern auch als eigenständige Tour findet die Hundstodreibn immer mehr Liebhaber. Genuss pur gibt es auf der Abfahrt in die Hochwies, auf den breitesten Hängen, die die Berchtesgadener Alpen den Skitourengehern bieten. Allerdings verlangt der Loferer Seilergraben dann das gesamte Abfahrtskönnen und auch einiges an Schneid.

28 km   10 Std.   2.100 Hm   alle Expositionen

STARTPUNKT: Parkplatz Wimbachbrücke, 630 m
HÖCHSTER PUNKT: Hundstodscharte, 2.221 m
ANFORDERUNG: Konditionell und technisch
                      sehr anspruchsvoll

Aufstieg zum Hundstodgatterl mit Blick auf den Großen Hundstod

Hohe Lawinengefährdung

Wirtshaus Hocheck, Gasthof Wimbachklamm

Wald-Wild-Schongebiet im Wimbachgries

DEZ	JAN	**FEB**	**MÄR**	**APR**	MAI

WEGBESCHREIBUNG

Die Tour startet am Parkplatz Wimbachbrücke. Von hier geht es entlang des Sommerweges ins Wimbachtal. Der Weg steigt flach an und führt in südwestlicher Richtung taleinwärts. Es geht am Wimbachschloss und der Wimbachgrieshütte, 1.327 m, vorbei und weiter in südöstlicher Richtung zum Trischübelpass. Das Gelände steilt sich zum Pass hin stark auf, bis man zu einer senkrechten Wandstelle gelangt, unter der man von links nach rechts queren muss. Falls die Drahtseile eingeschneit sind und viel Schnee liegt, kann diese Stelle äußerst gefährlich sein. Am Trischübelpass hält man sich rechts, steigt in südwestlicher Richtung über kupiertes Gelände zur Hundstodgrubn und von hier links haltend zum Hundstodgatterl, 2.188 m, einer Einschartung vor dem Hundstod, hinauf. Vom Hundstodgatterl – sich rechts haltend – in die Senke abfahren. Von hier, mit ausreichend Abstand unterhalb der Südhänge des Großen Hundstods, queren und weiter zur Hundstodscharte, die zwischen dem Kleinen und Großen Hundstod liegt, aufsteigen. Von der Scharte weiter, ohne großen Höhenverlust unterhalb der Westhänge des Großen Hundstods entlang, zum Dießbacheck. Hier die Felle abziehen und den breiten Westhang zum tiefsten Punkt in den breiten Kessel der Hochwies abfahren.

Die Felle wieder aufziehen und über einen Rücken und kupiertes Gelände in westlicher Richtung zur Kematenschneid aufsteigen. Am Rücken der Kematenschneid angekommen orientiert man sich nach rechts entlang des Gratverlaufes. Den Grat entlang abfahren, bis das Gelände links Richtung Wimbachscharte abfällt. Von der Scharte geht es rechts den breiten Loferer Seilergraben hinunter, den man – sich links haltend – abfährt, bis man auf die flache Talsohle des Wimbachgrieses gelangt. Durch das Wimbachgries, soweit es möglich ist, abfahren, bis man zu Fuß oder mit den Skiern wieder zurück zum Parkplatz gelangt.

Aufstieg durch die Hundstodgrube mit der Watzmann-Südspitze im Hintergrund

Hintersee

RAMSAU

12

Wimbachbrücke (630)

Wimbachklamm

Steinberg (2.026)

Stanglahnerkopf (1.791)

Wimbachschloss (973)

Watzmanngugel (1.801)

Hochkalter (2.608)

Wimbachgries

Steintalhörnl (2.468)

Hocheck (2.651)

Watzmann-Mittelspitze (2.713)

Watzmann-Südspitze (2.712)

Wimbachgrieshütte (1.327)

Loferer Seilergraben

Wimbach-scharte

Kleines Palfelhorn (2.073)

Trischübelpass

Kematenschneid

Hundstodgrube

Hochwies

Seehorn (2.321)

Gr. Hundstod (2.593)

Hundstodgatterl

Kl. Hundstod (2.263)

Ingolstädter Haus (2.120)

ANFAHRT

Start an der Bootsanlegestelle St. Bartholomä

STEINERNES MEER

KÄRLINGERHAUS, 1.630 m

Vom Kärlingerhaus aus lassen sich mehrere Skitouren im Steinernen Meer unternehmen, daher dient diese Tour meist als Zustiegstour. Doch der Start mit der Bootsfahrt und dem Weg entlang des Königssees macht die Tour zu einem einzigartigen Erlebnis.

→ 9,5 km　🕓 4 Std.　↗ 1.110 Hm　🧭 Ost, NO, West

STARTPUNKT:　　Parkplatz Königssee, 615 m
ENDPUNKT:　　　Kärlingerhaus, 1.630 m
ANFORDERUNG:　Konditionell und technisch anspruchsvoll

Aufstieg durch das Hochtal der Oberlahneralm,
im Hintergrund Watzmann-Südspitze

🌀 Hohe Lawinengefährdung

🍴 Kärlingerhaus

🌲 Kein Wald-Wild-Schongebiet

NOV	DEZ	JAN	FEB	MÄR	APR

WEGBESCHREIBUNG

Die Tour startet am Parkplatz Königssee. Von hier zu Fuß zur Bootsanlegestelle und weiter mit dem Boot nach St. Bartholomä. Hier folgt man der Beschilderung des Sommerweges zum Kärlingerhaus. Zuerst am Ufer des Königssees entlang, den Eisbach überqueren und dann rechts in den Wald über einen offensichtlichen Steig hinauf ins Schrainbachtal und zur Schrainbachalm. Auf der Hochfläche der Schrainbachalm überquert man den Bach nach rechts und hält die Spur auf der rechten Seite taleinwärts in eine Talsenke hinein. Dort dreht die Spur nach links und man geht unterhalb der Steilwände des Simetsberges entlang zur Saugasse. Hier führt eine steile und nach oben enger werdende Rinne 400 Hm hinauf in ein Hochtal zur verfallenen Oberlahneralm. Das Hochtal nach Süden weiter bis zum Ende und dann links ausqueren, leicht absteigend in ein weiteres Tal. Dieses Tal geht man entlang bis zu einem großen Felsbrocken mit Gedenktafel, der passiert wird. Am Ende durch eine rückläufige Spitzkehre nach links auf einen Sattel ausqueren, bis man in wenigen Gehminuten, zum Schluss leicht bergab, das Kärlingerhaus erreicht.

Ankunft am Kärlingerhaus

13

St. Bartholomä

Burgstallstein

Hachelkopf
(2.066)

Schrainbachalm

Königssee

Saugasse

Oberlahner-
alm

Simetsberg
(1.883)

Halsköpfl

Schwarzensee

Grünsee

Kärlingerhaus
(1.630)

Feldkogel
(1.872)

ANFAHRT

Abfahrt zu Funtensee und Kärlingerhaus
STEINERNES MEER

FUNTENSEETAUERN, 2.578 m

Der imposante Funtenseetauern wird meist im Rahmen der Großen Reibn überschritten, stellt aber auch als eigenständige Skitour ein unglaubliches Erlebnis dar. So einen weiten Blick über den Königssee und den Berchtesgadener Talkessel ermöglichen nur wenige Skitouren-Ziele, die fast 1.000 Höhenmeter lange Abfahrt beschert weiteren Genuss.

 8,5 km   3 Std.   1.000 Hm   West, NW, SW

STARTPUNKT: Kärlingerhaus, 1.630 m
ENDPUNKT: Funtenseetauern, 2.578 m
ANFORDERUNG: Konditionell und technisch anspruchsvoll

Funtenseetauern Gipfelkreuz

 Mittlere Lawinengefährdung

 Kärlingerhaus

 Kein Wald-Wild-Schongebiet

| NOV | DEZ | JAN | **FEB** | **MÄR** | **APR** |

WEGBESCHREIBUNG

Die Tour startet am Kärlingerhaus. Hier leicht bergab in Richtung Südosten links am Ufer des Funtensees vorbei. Von hier über kupiertes Gelände in Richtung Schottmalhorn, bis sich linkerhand der Stuhlgraben öffnet und man in diesem hinauf steigt und bei ca. 1.750 m links ausquert, bis man in einen weiteren Graben gelangt, der ins Ledererkar führt. Das Ledererkar erst in östlicher und dann in nordöstlicher Richtung zu der Scharte links der Ledererköpfe aufsteigen. Von hier in wenigen Gehminuten auf den Gipfel des Funtenseetauern, 2.578 m.

Vom Gipfel geht es ein kurzes Stück flach zurück in Richtung Ledererköpfe. Von diesen fährt man nach Westen über einen breiten Hang ins Ledererkar ab und dann durch den Stuhl- und Rennergraben zum Funtensee. Vom Ufer des Funtensees noch einen kurzen Gegenanstieg zum Kärlingerhaus auf 1.630 m.

Schneidige Abfahrt übers Ledererkar

Aufstieg zum Viehkogel, im Hintergrund
die Viehkogel-Westflanke
STEINERNES MEER

VIEHKOGEL, 2.158 m

Der am schnellsten und leichtesten vom Kärlingerhaus erreichbare Gipfel bietet einen grandiosen Blick über die weiten Flächen des Steinernen Meeres und die gegenüber aufragende Schönfeldspitze. Da der Gipfelhang nach Süden ausgerichtet ist, muss das letzte Stück des Aufstiegs oftmals ohne Skier erfolgen.

C 5 km   **⏱** 1,75 Std.   **↗** 540 Hm   **🧭** West, Süd, SW

STARTPUNKT: Kärlingerhaus, 1.630 m
ENDPUNKT: Viehkogel, 2.158 m
ANFORDERUNG: Konditionell und technisch mittel

Rast vorm letzten Anstieg auf den Viehkogel-Gipfel

🌀 Geringe Lawinengefährdung

🍴 Kärlingerhaus

🌲 Kein Wald-Wild-Schongebiet, Gamswild auf den Südhängen des Viehkogels

NOV	DEZ	JAN	FEB	MÄR	APR

WEGBESCHREIBUNG

Vom Kärlingerhaus über die freie Fläche und durch die Senke westwärts in Richtung Wald orientieren und den bewaldeten Hang, rechts unter den Wänden des Viehkogels, hochsteigen. Sobald das Gelände flacher wird und man den Sattel erreicht, dreht die Spur links nach Süden ab und man orientiert sich an den Felsen zu seiner Linken. Man passiert die Viehkogeltalhütte und setzt weiterhin links haltend die Umrundung des Viehkogels fort. Über kupiertes Gelände gelangt man zum Wandfuß und der grasigen Südflanke. Diese meist zu Fuß über den Sommerweg bis zum Gipfel hochsteigen.

Die Abfahrt erfolgt entlang der Aufstiegsroute.

Aufstieg über den bewaldeten Hang unterhalb der Viehkogelwände

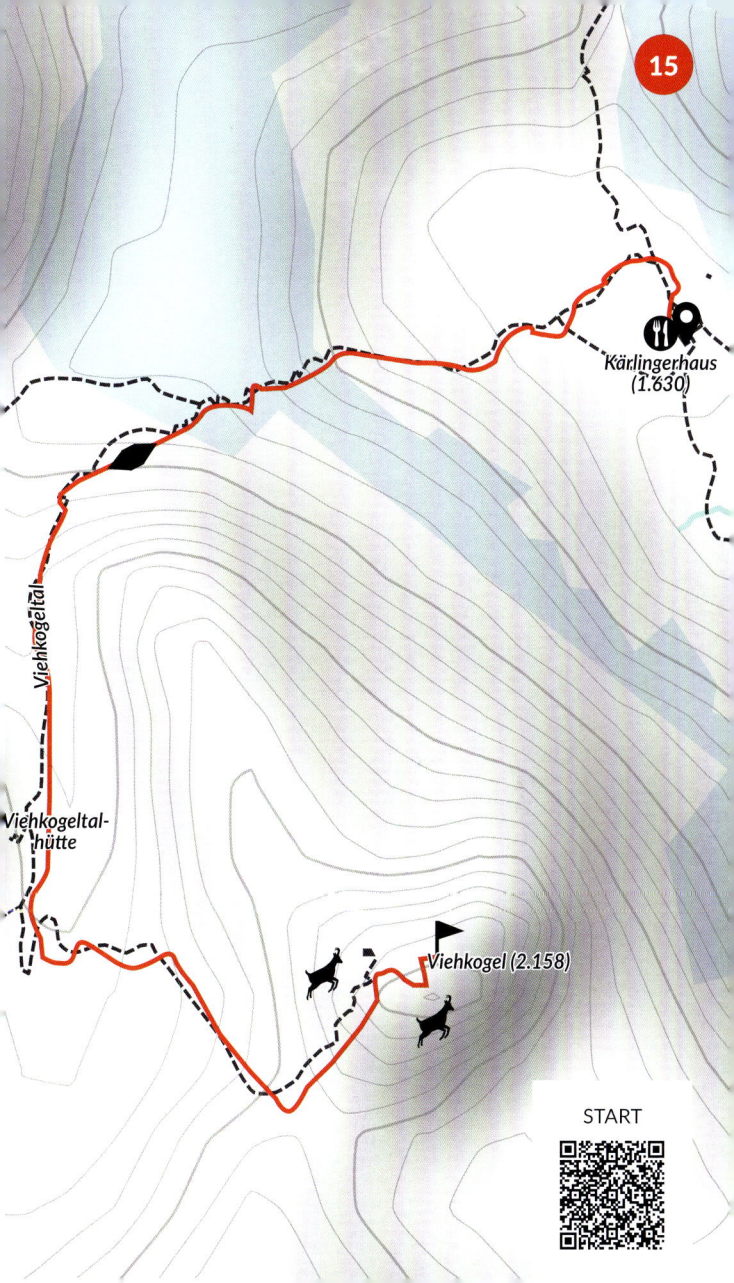

15

Kärlingerhaus
(1.630)

Viehkogeltal

Viehkogeltal-
hütte

Viehkogel (2.158)

START

Aufstieg durch das Steinerne Meer, bereits
sichtbar die Ostflanke des Breithorn-Gipfels

STEINERNES MEER

BREITHORN, 2.504 m

Dieser unglaublich ästhetische Berg bietet einen grandiosen Blick auf die Hochebene des Steinernen Meeres und südwärts in die Hohen Tauern. Zudem beeindruckt er durch die steilen Abbrüche nach Süden, wodurch der steile Anstieg für so manchen Skitourengeher auch eine gewisse Mutprobe darstellt.

🌀 12 km   🕐 3 Std.   ↗ 900 Hm   🧭 Süd, Süd-Ost

STARTPUNKT: Kärlingerhaus, 1.630 m
ENDPUNKT: Breithorn, 2.504 m
ANFORDERUNG: Konditionell und technisch anspruchsvoll

Aufstieg über das Viehkogeltal

🌀 Unbedingt Lawinen-Warnstufe beachten

🍴 Kärlingerhaus

🌲 Kein Wald-Wild-Schongebiet

NOV	DEZ	JAN	FEB	MÄR	APR

WEGBESCHREIBUNG

Vom Kärlingerhaus über die freie Fläche und durch die Senke westwärts in Richtung Wald orientieren und den bewaldeten Hang, rechts unter den Wänden des Viehkogels, hochsteigen. Sobald das Gelände flacher wird und man den Sattel erreicht, dreht die Spur links nach Süden ab und man orientiert sich an den Felsen zu seiner Linken. Man passiert die Viehkogeltalhütte und folgt weiter dem Sommerweg ins Viehkogeltal und geht dann weiter über das weitläufige Hochplateau des Steinernen Meeres direkt auf das Breithorn zu. Am Fuße der Nordostflanke des Breithorns orientiert man sich an der linken Seite des breiten Hanges und steigt über steiles Gelände hinauf zum Gipfel.

Abfahrt entweder über die Aufstiegsroute zurück zum Kärlingerhaus oder über den Sommerweg zum Ingolstädter Haus queren und über die Hundstodscharte und den Loferer Seilergraben zurück ins Wimbachtal zum Parkplatz Wimbachbrücke abfahren (siehe Tour 11 oder 12).

Tiefblick vom Breithorn hinunter zum Riemannhaus

Hirsch
(1.993)

Kärlingerhaus
(1.630)

Funten-
see

Zirbenmaterl

Viehkogeltalhütte

Viehkogel
(2.158)

Viehkogeltal

eißbachscharte

Rotwandl
(2.231)

Salzburger
Kreuz

Mitterhorn
(2.506)

Riemannhaus

Breithorn
(2.504)

Sommerstein
(2.308)

Wurmkopf
(2.451)

START

Ingolstädter Haus mit Schindlköpfen im Hintergrund
STEINERNES MEER

SCHINDLKÖPFE, 2.356 m

Die Schindlköpfe könnte man als „freundliche Skitourenberge" bezeichnen: Sie sind leicht mitzunehmen, wenn man am Kärlingerhaus logiert, bieten ein tolles Panorama und warten mit einer angenehmen Abfahrt am Rande des Steinernen Meeres auf. Allerdings wird's deutlich anspruchsvoller, wenn man von dort über die Hundstodscharte und den Loferer Seilergraben ins Tal fährt.

 11,5 km   3 Std.   850 Hm   alle Expositionen

STARTPUNKT: Kärlingerhaus, 1.630 m
ENDPUNKT: Schindlköpfe, 2.356 m
ANFORDERUNG: Konditionell und technisch mittel

Aufstieg zum Schindlkopf, im Hintergrund der Große Hundstod

 Mäßige Lawinengefährdung

 Kärlingerhaus

🌲 Kein Wald-Wild-Schongebiet

NOV	DEZ	JAN	FEB	MÄR	APR

WEGBESCHREIBUNG

Die Tour startet am Kärlingerhaus. Vom Haus nach Westen über die freie Fläche und durch die Senke in Richtung Wald orientieren und den bewaldeten Hang – unterhalb der Wände des Viehkogels entlang – bis zum Hirschtörl aufsteigen. Kurz steil nach Westen abfahren und dann über angenehmes Gelände in Richtung Ingolstädter Haus aufsteigen. Am Ingolstädter Haus angekommen geht es am selbigen vorbei und weiter in südlicher Richtung in direkter Linie zu den Schindlköpfen. Der mäßig steile Nordwesthang leitet direkt zum Hauptgipfel der Schindlköpfe.

Es geht entweder über die Aufstiegsspur zurück zum Ingolstädter Haus und von dort zurück zum Kärlingerhaus, oder man wählt die Abfahrt ins Wimbachtal. Hier steigt man vom Ingolstädter Haus weiter auf zur Hundstodscharte, die zwischen dem Kleinen und Großen Hundstod liegt. Von der Scharte weiter, ohne großen Höhenverlust unterhalb der Westhänge des Großen Hundstods entlang, zum Dießbacheck. Hier die Felle abziehen und den breiten Westhang zum tiefsten Punkt in den breiten Kessel der Hochwies abfahren. Die Felle wieder aufziehen und über einen Rücken und kupiertes Gelände in westlicher Richtung zur Kematenschneid aufsteigen. Am Rücken der Kematenschneid angekommen orientiert man sich nach rechts entlang des Gratverlaufes. Den Grat entlang abfahren, bis das Gelände Richtung Wimbachscharte abfällt. Von der Scharte geht es rechts den breiten Loferer Seilergraben hinunter, den man – sich links haltend – abfährt, bis man auf die flache Talsohle des Wimbachgrieses gelangt. Durch das Wimbachgries, soweit es möglich ist, abfahren, bis man zu Fuß oder mit den Skiern wieder zurück zum Parkplatz gelangt.

Gipfelfreude am Schindlkopf

17

Schneiber
(2.330)

(1.883)

Kärlingerhaus
(1.630)

Viehkogel
(2.158)

Hirsch
(1.993)

Hirsch-
törl

Schneiber
(2.330)

Dießbach-
eck

Hundstod-
scharte

(2.273)

Kl. Hundstod
(2.263)

Ingolstädter Haus

Schindlköpfe
(2.356)

Hollermaißhorr
(2.299)

START

Gebirgsstock
Watzmann

Abfahrt durchs Watzmannkar

WATZMANN

DRITTES WATZMANNKIND, 2.209 m

Ein Muss für jeden ambitionierten Skitourengeher: Im Watzmann-kar aufzusteigen, zwischen den Wänden der Frau und Mann, lässt niemanden unbeeindruckt. Als völlig untypischer Gipfel, der an ei-nen Schiffsbug erinnert, ermöglicht das Dritte Watzmannkind nicht nur ungewöhnliche Gipfelfotos, sondern auch einen Tiefblick hinab auf St. Bartholomä am Königssee und den Obersee. Von den Zielen im Watzmannkar ist diese Tour mit Abstand die einfachste.

⟳ 15 km   ⏱ 4,5 Std.   ↗ 1.450 Hm   ⊙ Nord

STARTPUNKT: Parkplatz Hammerstiel, 771 m
ENDPUNKT: 3. Watzmannkind, 2.209 m
ANFORDERUNG: Technisch im mittleren Anspruchsbereich

Aufstieg ins Watzmannkar

⊘ Vorsicht beim Kleinen Watzmann und 4. Kind wegen Schneebrettgefahr, besonders im Spätwinter bei hohen Temperaturen

🍴 Gasthaus Bodnerlehen

🌲 Wald- und Wildschutzgebiet im mittleren Karbereich, unbedingt die Skitourentafel beachten!

NOV	DEZ	JAN	FEB	MÄR	APR

WEGBESCHREIBUNG

Die Tour startet am Parkplatz Hammerstiel. Hier geht es, wenn ausreichend Schnee vorhanden ist, entlang des Forstweges direkt mit den Tourenskiern in Richtung Kühroint. Auf ca. 1.000 m erreicht man eine Kreuzung, wo man den linken Weg einschlägt, vorbei an den Schapbachalmen weiter Richtung Kühroint. Nach der freien Almfläche der Schapbachalmen führt die Forststraße wieder in den Wald und bei einer markanten Linkskurve auf ca. 1.200 m befindet sich die Abzweigung ins Watzmannkar. Jetzt verlässt man die Forststraße und steigt ca. 20 Hm in Falllinie den Wald hinauf, bis man einen schmalen Weg, der nach rechts abbiegt, einschlägt. Der Weg führt zu einer kleinen Lichtung, wo sich eine steile Waldschneise direkt in Richtung Watzmannkar hochzieht. Diese steigt man über steile Spitzkehren hinauf, bis sich nach ca. 200 Hm das Gelände wieder neigt, der Wald lichter wird und man die offene Fläche des Watzmannkars erreicht. Der Weg führt vorbei an der imposanten Westwand des Kleinen Watzmanns weiter in den Kessel des weitläufigen Kars. Man sollte sich nicht zu weit links an der Flanke der mächtigen Westwand orientieren, da hier Schneebrettgefahr herrscht. Rechter Hand darf der Längsrücken, der ins Kar zieht, auch nicht betreten werden, da dies eine ausgewiese Wald- und Wildschutzzone ist. Man bewegt sich weiter in den Kessel des Kars, auf das markante 4. Kind zu, welches das Kar in zwei Teile trennt. Unterhalb des 4. Kindes biegt die Skispur nach links zum Gipfelhang des 3. Kindes ab. Die letzten 300 Hm zum Gipfel steilen sich nochmal etwas auf, bis sich an dessen Ende ein grandioser Blick auf Königssee, die Watzmann-Ostwand und das Steinerne Meer öffnet. Vorsicht Gipfelwechte!

Die Abfahrt erfolgt entlang der Aufstiegsspur. Unbedingt die Wald- und Wildschutzzone in der Mitte des Kars beachten!

Gipfel des Dritten Kindes

Parkplatz
Hammerstiel
(771)

Wimbachbrücke

Grünstein
(1.304)

Stubenalm

Schapbachriedel
(1.329)

Schapbachalm
(1.044)

Falzalm (1.630)

Kühroint

Watzmannhaus
(1.930)

Mooslahnerkopf
(1.815)

Watzmannkar

Kleiner Watzmann
(2.307)

Hocheck
(2.651)

4. Kind

Watzmann-Mittelspitze
(2.713)

5. Kind

Lablkopf
(2.015)

3. Watzmannkind
(2.209)

ANFAHRT

18

Gipfel des Fünften Kindes mit
Viertem Kind im Hintergrund

FÜNFTES WATZMANNKIND, 2.225 m

Für diejenigen, die es gerne etwas kühner, aber dafür auch einsamer bevorzugen, bietet sich das Fünfte Watzmannkind an. Nach dem Aufstieg durch das Watzmannkar verlangt ein kurzer steiler Gipfelhang die volle Konzentration – im Aufstieg ebenso wie in der Abfahrt.

🕃 15,3 km   🕐 5,5 Std.   ↗ 1.500 Hm   🧭 Nord

STARTPUNKT: Parkplatz Hammerstiel, 771 m
ENDPUNKT: 5. Watzmannkind, 2.225 m
ANFORDERUNG: Technisch im schweren Anspruchsbereich

Schapbachalm mit Blick auf die Watzmannfrau

😵 Vorsicht beim Kleinen Watzmann und 4. Kind wegen Schneebrettgefahr, besonders im Spätwinter bei hohen Temperaturen

🍴 Gasthaus Bodnerlehen

🌲 Wald- und Wildschutzgebiet im mittleren Karbereich, unbedingt die Skitourentafel beachten!

| NOV | DEZ | JAN | **FEB** | **MÄR** | **APR** |

WEGBESCHREIBUNG

Die Tour startet am Parkplatz Hammerstiel. Hier geht es, wenn ausreichend Schnee vorhanden ist, entlang des Forstweges direkt mit den Tourenskiern in Richtung Kühroint. Auf ca. 1.000 m erreicht man eine Kreuzung, wo man den linken Weg einschlägt, vorbei an den Schapbachalmen weiter Richtung Kühroint. Nach der freien Almfläche der Schapbachalmen führt die Forststraße wieder in den Wald und bei einer markanten Linkskurve auf ca. 1.200 m befindet sich die Abzweigung ins Watzmannkar. Jetzt verlässt man die Forststraße und steigt ca. 20 Hm in Falllinie den Wald hinauf, bis man einen schmalen Weg, der nach rechts abbiegt, einschlägt. Der Weg führt zu einer kleinen Lichtung, wo sich eine steile Waldschneise direkt in Richtung Watzmannkar hochzieht. Diese steigt man über steile Spitzkehren hinauf, bis sich nach ca. 200 Hm das Gelände wieder neigt, der Wald lichter wird und man die offene Fläche des Watzmannkars erreicht. Der Weg führt vorbei an der imposanten Westwand

Aufstieg vom Watzmannkar zu den Kindern

Parkplatz
Hammerstiel
(771)

Wimbachbrücke

Grünstein
(1.304)

Stubenalm

Schapbachriedel
(1.329)

Schapbachalm
(1.044)

Falzalm (1.630)

Watzmanngugel
(1.801)

Watzmannhaus
(1.930)

Kühroint

Watzmannkar

Hocheck
(2.651)

Kleiner Watzmann
(2.307)

Mooslahnerkopf
(1.815)

Watzmann-Mittelspitze
(2.713)

3. Kind

Lablkopf
(2.015)

5. Watzmannkind
(2.225)

ANFAHRT

SKITOUREN?

WENN, DANN KRENN

Im Panorama Park Bischofswiesen!

Reichenhaller Straße 18-20 • 83483 Bischofswiesen • + 49 8652 978507 • Öffnungszeiten: 9.00 bis 19.00 Uhr

des Kleinen Watzmanns weiter in den Kessel des weitläufigen Kars. Man sollte sich nicht zu weit links an der Flanke der mächtigen Westwand orientieren, da hier Schneebrettgefahr herrscht. Rechter Hand darf der Längsrücken, der ins Kar zieht, auch nicht betreten werden, da dies eine ausgewiesene Wald- und Wildschutzzone ist. Man bewegt sich weiter in den Kessel des Kars, auf das markante 4. Kind zu, welches das Kar in zwei Teile trennt. Unterhalb des 4. Kindes der Skispur nicht nach links folgen, sondern den Fuß des 4. Kindes rechts umgehen. Man quert den Fuß des 4. Kindes leicht steigend in südlicher Richtung und zieht diagonal von rechts nach links auf die linke Seite des Gipfelhanges des 5. Kindes. Der Gipfelhang des 5. Kindes ist sehr steil und sollte nur bei stabilen Bedingungen begangen werden. Der Gipfel wird über die linke Hangseite bestiegen. Vorsicht Gipfelwechte!

Die Abfahrt erfolgt entlang der Aufstiegsspur. Unbedingt die Wald- und Wildschutzzone in der Mitte des Kars beachten!

Steiler Anstieg zum Gipfel des Fünften Kindes

Die letzten Meter zur Skischarte mit
Fünften und Vierten Kind im Hintergrund

WATZMANN

SKISCHARTE, 2.230 m

Die Skischarte ist kein Gipfel im eigentlichen Sinne, sondern ein Einschnitt am Grat westlich des Fünften Watzmannkindes. Der Blick auf die anderen Watzmannkinder, hinüber zur Watzmann-Ostwand und hinab zum Obersee sowie die herrliche, meist pulvrige Abfahrt lohnen den langen Anstieg auf jeden Fall.

 16,5 km   5,5 Std.   1.550 Hm   Nord

STARTPUNKT: Parkplatz Hammerstiel, 771 m
ENDPUNKT: Skischarte, 2.230 m
ANFORDERUNG: Technisch im schweren Anspruchsbereich

 Vorsicht beim Kleinen Watzmann und 4. Kind wegen Schneebrettgefahr, besonders im Spätwinter bei hohen Temperaturen

 Gasthaus Bodnerlehen

 Wald- und Wildschutzgebiet im mittleren Karbereich, unbedingt die Skitourentafel beachten!

| NOV | DEZ | JAN | **FEB** | **MÄR** | **APR** |

WEGBESCHREIBUNG

Die Tour startet am Parkplatz Hammerstiel. Hier geht es, wenn ausreichend Schnee vorhanden ist, entlang des Forstweges direkt mit den Tourenskiern in Richtung Kühroint. Auf ca. 1.000 m erreicht man eine Kreuzung, wo man den linken Weg einschlägt, vorbei an den Schapbachalmen weiter Richtung Kühroint. Nach der freien Almfläche der Schapbachalmen führt die Forststraße wieder in den Wald und bei einer markanten Linkskurve auf ca. 1.200 m befindet sich die Abzweigung ins Watzmannkar. Jetzt verlässt man die Forststraße und steigt ca. 20 Hm in Falllinie den Wald hinauf, bis man einen schmalen Weg, der nach rechts abbiegt, einschlägt. Der Weg führt zu einer kleinen Lichtung, wo sich eine steile Waldschneise direkt in Richtung Watzmannkar hochzieht. Diese steigt man über steile Spitzkehren hinauf, bis sich nach ca. 200 Hm das Gelände wieder neigt, der Wald lichter wird und man die offene Fläche des Watzmannkars erreicht. Der Weg führt vorbei an der imposanten Westwand des Kleinen Watzmanns weiter in den Kessel des weitläufigen Kars. Man sollte sich nicht zu weit links an der Flanke der mächtigen Westwand orientieren, da hier Schneebrettgefahr herrscht. Rechter Hand darf der Längsrücken, der ins Kar zieht, auch nicht betreten werden, da dies eine ausgewiese Wald- und Wildschutzzone ist. Man bewegt sich weiter in den Kessel des Kars, auf das markante 4. Kind zu, welches das Kar in zwei Teile trennt. Unterhalb des 4. Kindes der Skispur nicht nach links folgen, sondern über eine Rechtsschleife den Fuß des 4. und 5. Kindes umgehen. Die Skischarte wird über die linke Hangseite bestiegen. Vorsicht, aufgrund der Schneebrettgefahr beim Gipfelanstieg die Spur nicht zu weit rechts anlegen!

Die Abfahrt erfolgt entlang der Aufstiegsspur. Unbedingt die Wald- und Wildschutzzone in der Mitte des Kars beachten!

Abfahrtsgenuss pur von der Skischarte

Wimbachbrücke

Parkplatz
Hammerstiel
(771)

20

Stubenalm

Schapbachriedel
(1.329)

Schapbachalm
(1.044)

Falzalm (1.630)

Watzmanngugel
(1.801)

Watzmannhaus
(1.930)

Kühroint

Watzmannkar

Mooslahnerkopf
(1.815)

Kleiner Watzmann
(2.307)

Hocheck
(2.651)

Watzmann-
Mittelspitze
(2.713)

Skischarte
(2.230)

3. Kind

Lablkopf
(2.015)

ANFAHRT

Aufstieg links der FIS-Abfahrt
durch lichten Lärchenwald

WATZMANN

GUGEL, 1.801 m

Die Watzmanngugel ist eine der beliebtesten Skitouren in Berchtesgaden und vor allem in der nahen Ramsau. Sie wird bei Wind und Wetter und nahezu jeder Lawinenlage begangen, so dass man fast immer auf andere Tourengeher trifft und bei der Abfahrt selten in den Genuss der ersten Spur kommt. Aufgrund der freien Schneise, die einst für FIS-Skiabfahrten angelegt wurde, gestaltet sich die Abfahrt sehr angenehm.

 9 km   🕐 3,5 Std.   ↗ 1.170 Hm   🧭 Nord

STARTPUNKT: Parkplatz Wimbachbrücke, 630 m
Die Tour ist auch über Hammerstiel machbar.
ENDPUNKT: Gugel, 1.801 m
ANFORDERUNG: Technisch und konditionell im mittleren Bereich

Stürmische letzte Meter
zum Plateau der Gugel

🌀 Mäßige Lawinengefährdung

🍴 Wirtshaus Hocheck, Gasthof Wimbachklamm,
Wirtshaus Waldquelle

🌲 Wald-Wild-Schongebiet nördlich des
Watzmannhauses und östlich der Stubenalm

NOV	DEZ	JAN	FEB	MÄR	APR

WEGBESCHREIBUNG

Die Tour startet am Parkplatz Wimbachbrücke. Hier geht es, der Beschilderung des Wanderweges folgend, über die Brücke und am Ostufer des Wimbachs, Richtung Watzmannhaus. Ca. 50 Hm später trifft der Fußweg auf die breite Forststraße, die man nach ca. 200 Metern in einer markanten Linkskurve nach rechts, dem Sommerweg Richtung Watzmannhaus folgend, verlässt. Anfangs am linken Rand der Lichtung empor, bis der Sommerweg in den Wald eintritt. Dem Sommerweg über drei Kehren und ca. 300 Hm folgen, wobei man zweimal die Waldschneise der alten FIS-Abfahrt quert, welche später auch als Abfahrt dient. Nach einem markanten Felseck zweigt rechts vom Weg eine Spur ab, die sich durch ein Waldstück hinaufzieht und nach ca. 280 Hm auf eine breite Waldschneise trifft. Der Schneise folgt man hinauf in Richtung des Plateaus der Gugel. Die Aufstiegsspur weicht an einem Steilstück der Waldschneise zuerst leicht nach links in den Wald aus und führt zum Ende hin, kurz vor Erreichen des Plateaus, nach rechts auf einen Sattel, über den man auch das Plateau der Gugel erreicht.

Der Rückweg erfolgt bis zur Stubenalm entlang der breiten Waldschneise und von der Stubenalm über die FIS-Abfahrt zurück nach Ramsau. Falls auf der Abfahrtsschneise von der Stubenalm bis zur Wimbachbrücke zu wenig Schnee liegt, kann man kurz oberhalb der Stubenalm nach rechts abbiegen und über Schapbach und den breiteren, für den allgemeinen Verkehr gesperrten Fahrweg zurück zur Wimbachbrücke fahren.

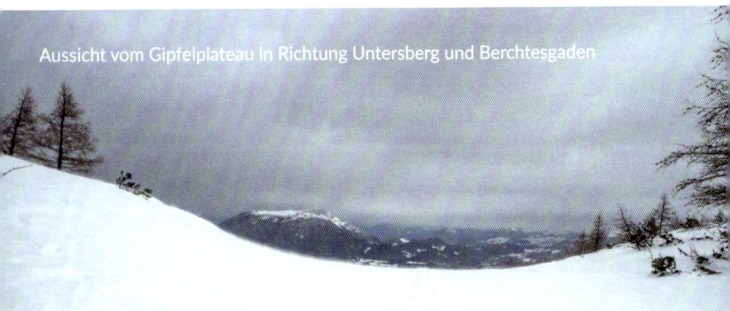

Aussicht vom Gipfelplateau in Richtung Untersberg und Berchtesgaden

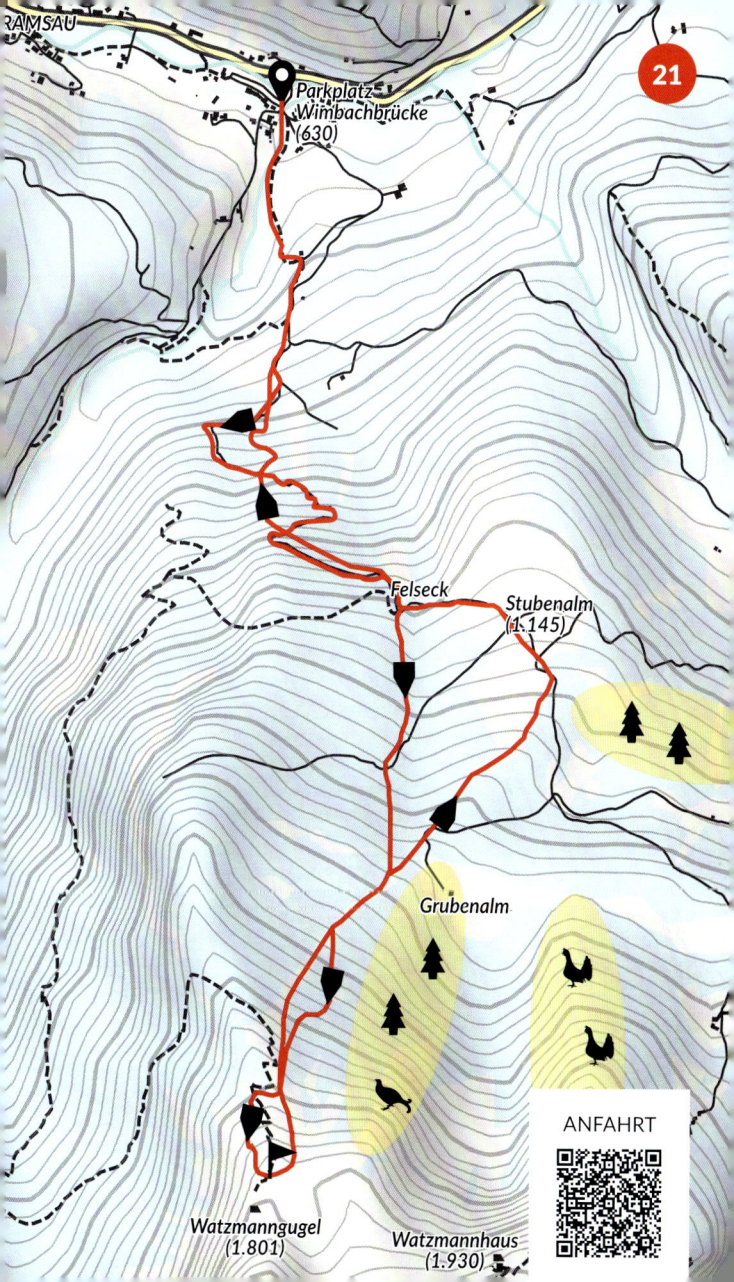

RAMSAU

Parkplatz
Wimbachbrücke
(630)

21

Felseck

Stubenalm
(1.145)

Grubenalm

ANFAHRT

Watzmanngugel
(1.801)

Watzmannhaus
(1.930)

Wildes Wolkenspiel
am Hocheck-Gipfel

WATZMANN

HOCHECK, 2.651 m

Die Skitour aufs Hocheck fordert selbst Skitouren-Experten heraus, nicht nur weil sie sehr lang und steil ist, sondern auch aufgrund ihres alpinen Charakters und des exponierten Geländes. Sie kann meist erst im März oder April unternommen werden, da die Hänge zuvor abgeblasen sind.

 17 km   6 Std.   1.900 Hm   Nord, NO, NW

STARTPUNKT: Parkplatz Hammerstiel, 771 m
ENDPUNKT: Hocheck, 2.651 m
ANFORDERUNG: Technisch und konditionell sehr anspruchsvoll

Aufstieg durch felsiges Gelände oberhalb der Watzmanngrube

 Kritisch, nur bei stabilen Verhältnissen möglich

 Gasthaus Bodnerlehen

 Wald-Wild-Schongebiet nördlich des Watzmannhauses und östlich der Stubenalm

DEZ	JAN	FEB	**MÄR**	**APR**	**MAI**

WEGBESCHREIBUNG

Die Tour startet am Parkplatz Hammerstiel. Hier geht es auf dem Forstweg in Richtung Kühroint und Watzmannhaus. Auf 1.000 m kommt man zu einer Lichtung mit einer Kreuzung, bei der man geradeaus weiter dem Weg zum Watzmannhaus folgt. Der Weg führt durch dichten Fichtenwald, bis man auf 1.100 m – hier lichtet sich der Wald – die freie Almfläche der Stubenalm erreicht, wo man entlang der breiten Waldschneise immerfort in Richtung des Plateaus der Gugel geht. Die Skitourenspur Richtung Plateau weicht aufgrund der Steilheit der Schneise manchmal nach links und am Ende hin nach rechts in den Wald aus. Allerdings hält man sich tendenziell immer in bzw. am Rand der Schneise. Am Plateau angelangt geht es flach in südwestlicher Richtung auf den, meist abgeblasenen, Rücken des Westgrates zu. Auf diesem steigt man über zahlreiche Spitzkehren empor. Sobald man sich über der Watzmanngrube befindet, orientiert sich die Spur nach links über einen ausgedehnten Hang zum eigentlichen Sommerweg. Hier ist oft wenig Schnee und man muss die Spur mit Bedacht zwischen die Steine legen. Am Grat flacht sich die Spur nochmals ab und man quert rechterhand des Grats, bis der Gipfel über einen letzten kurzen Aufschwung erreicht wird.

Der Rückweg erfolgt über den Grat und den breiten Hang oberhalb der Watzmanngrube. Hier mit Bedacht fahren, um rechtzeitig die Einfahrt nach rechts in die Grube zu finden. Am oberen Rand der Grube sollte man nicht zu früh in Falllinie fahren, sondern noch weiter nach rechts queren, um die felsigen Abbrüche zu umfahren. Kurz in Falllinie fahren, um dann ein zweites Mal nach rechts zu queren und die nächsten Abbrüche zu umgehen. Nun in Falllinie die Grube abfahren, rechterhand das Watzmannhaus. Ab dem Gugel-Plateau entlang der Aufstiegsspur zurück zum Parkplatz fahren.

Rückblick von der Gugel auf Watzmanngrube

RAMSAU

Wimbachbrücke

22

Parkplatz
Hammerstiel
(771)

1.600

Stubenalm
(1.145)

Schapbachalm
(1.044)

Falzalm (1.630)

Watzmanngugel
(1.801)

Watzmannhaus
(1.930)

Watzmann-
grube

Westgrat

Watzmannkar

ANFAHRT

Hocheck
(2.651)

Vorbei an der Schapbach-Holzstube,
im Hintergrund die Watzmannfrau

WATZMANN

*Eine einfache Anfängerskitour, die überwiegend entlang von Forst-
straßen verläuft, so dass sie keine Tiefschneeerfahrung erfordert.
Aber dennoch mangelt es nicht an Bergerlebnissen: Der Tiefblick
von der Archenkanzel hinab auf den Königssee und auf die den See
umrahmenden Berggipfel überwältigt jedes Mal wieder.*

🔄 16 km   🕐 2,5 Std.   ↗ 900 Hm   🧭 West

STARTPUNKT:	Parkplatz Wimbachbrücke, 630 m
	Die Tour ist auch über Hammerstiel machbar.
ENDPUNKT:	Archenkanzel, 1.418 m
ANFORDERUNG:	Technisch und konditionell leicht

Kührointalmen mir Watzmannfrau
im Hintergrund

❄ Keine Lawinengefährdung

🍴 Wirtshaus Hocheck, Gasthof Wimbachklamm,
Wirtshaus Waldquelle

🌲 Wald-Wild-Schongebiet westlich der Archenkanzel

NOV	DEZ	JAN	FEB	MÄR	APR

WEGBESCHREIBUNG

Die Tour startet am Parkplatz Wimbachbrücke. Hier geht es, wenn ausreichend Schnee vorhanden ist, direkt vom Parkplatz mit den Tourenski in südlicher Richtung, der Beschilderung des Wanderweges folgend, nach Kühroint. Ca. 50 Hm später trifft der Fußweg auf die breite Forststraße, die bei ca. 1.000 m zu einer Kreuzung führt, welche man geradeaus passiert. Der Weiterweg führt vorbei an der Freifläche der Schapbachalmen, die einen grandiosen Blick auf das Watzmannmassiv gewähren. Nach der freien Almfläche der Schapbachalmen führt die Forststraße wieder in den Wald. Man geht entlang einer markanten Linkskurve und noch 500 Meter weiter, bis ein Weg rechter Hand abzweigt. Jetzt verlässt man die Forststraße und steigt den Weg weiter in den Wald hinauf. Der Weg schlängelt sich über ein paar Serpentinen zur freien Almfläche der Kührointalm. An der Hochfläche angekommen quert man das freie Feld, linker Hand die Kührointalm, rechter Hand die Watzmannfrau in Richtung Süden. Am Ende der freien Fläche und dem Anfang des Waldes folgt der Weg der Beschilderung in Richtung Aussichtspunkt der Archenkanzel. In wenigen Gehminuten und leicht abfallender Neigung erreicht man den Aussichtspunkt der Archenkanzel, der mit einem grandiosen Tiefblick auf den Königssee wartet.

Der Rückweg erfolgt über die Aufstiegsspur. Im oberen Teil, in der Nähe der Kührointalm, kann man auch die Forststraße, anstelle des Abkürzers durch den Wald, als Abfahrt nehmen.

Grandioser Ausblick von der Archenkanzel nach St. Bartholomä und auf den Königssee

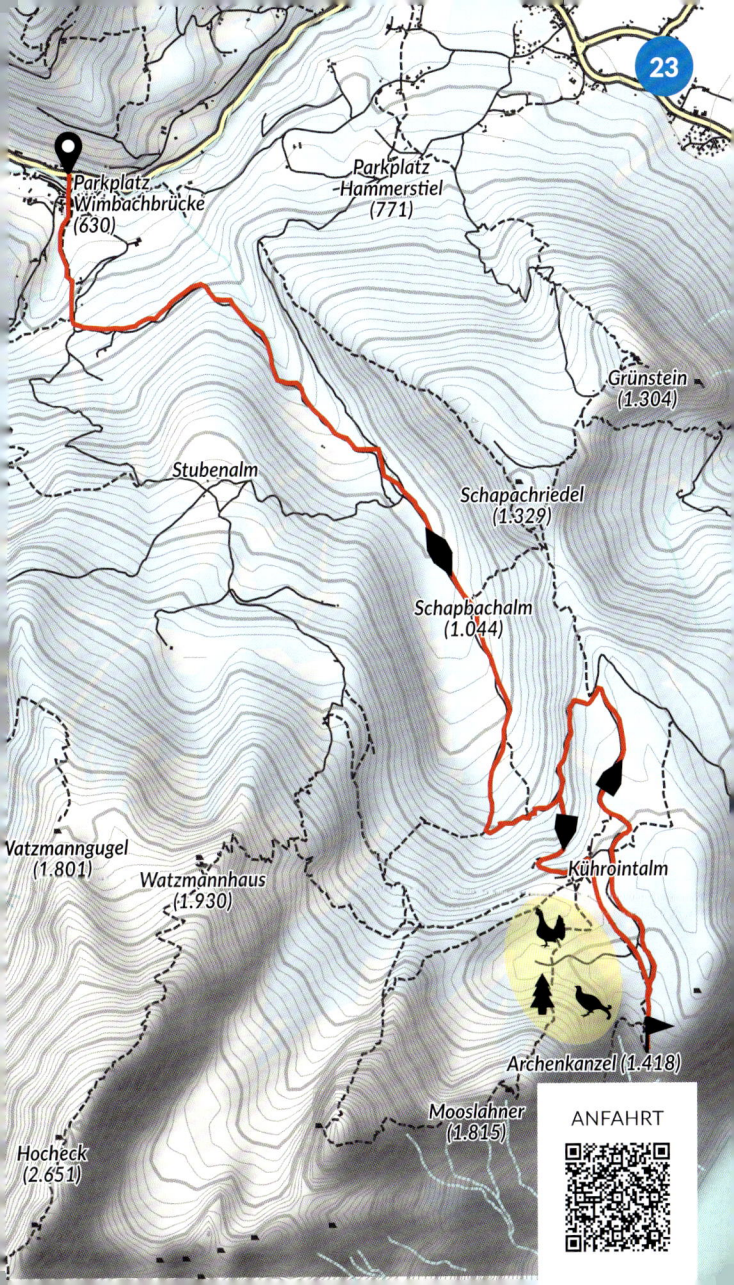

23

Parkplatz
Wimbachbrücke
(630)

Parkplatz
-Hammerstiel
(771)

Grünstein
(1.304)

Stubenalm

Schapachriedel
(1.329)

Schapbachalm
(1.044)

Vatzmanngugel
(1.801)

Watzmannhaus
(1.930)

Kührointalm

Archenkanzel (1.418)

Mooslahner
(1.815)

Hocheck
(2.651)

ANFAHRT

Skispur inmitten des Wimbachtales,
im Hintergrund die Palfenhörner

WATZMANN

WIMBACHGRIES, 1.327 m

Abseits von Forstwegen und Pisten können auch Anfänger diese Skitour unternehmen, da das Gelände weit ist und kaum steile Passagen aufweist. Die Kulisse des Wimbachtales zwischen Watzmann und Hochkalter beeindruckt alle Naturliebhaber, auch wenn die Tour weder mit einem Gipfelerlebnis noch einer aufregenden Abfahrt aufwarten kann.

17 km 2,5 Std. 700 Hm Süd

STARTPUNKT: Parkplatz Wimbachbrücke, 630 m
ENDPUNKT: Wimbachgrieshütte, 1.327 m
ANFORDERUNG: Technisch und konditionell sehr leicht

Felsige Passage kurz nach dem Wimbachschloss

Keine Lawinengefährdung

Wirtshaus Hocheck

Wald-Wild-Schongebiet westlich der Wimbachgrieshütte

NOV	DEZ	JAN	FEB	MÄR	APR

WEGBESCHREIBUNG

Die Tour startet am Parkplatz Wimbachbrücke. Von hier geht es entlang des Sommerweges und entsprechend der Beschilderung zur Wimbachgrieshütte. Der Weg durch die Klamm ist im Winter gesperrt. Kurz nach Klammeingang ist der Weg etwas steiler, danach steigt er mäßig flach an und führt geradeaus in südlicher Richtung taleinwärts. Sobald der Wimbach versickert und unterirdisch läuft, verlässt man den Wimbachweg und geht in der Mitte des Wimbachtales weiter in Richtung Wimbachgrieshütte 1.327 m. Wer möchte, kann bei der Wimbachgrieshütte noch etwas weiter Richtung Trischübel gehen oder an der Hütte den Aufstieg beenden.

Abfahrt erfolgt über die Aufstiegsroute zurück zum Parkplatz.

Wimbachgrieshütte mit Hochkalterstock im Hintergrund

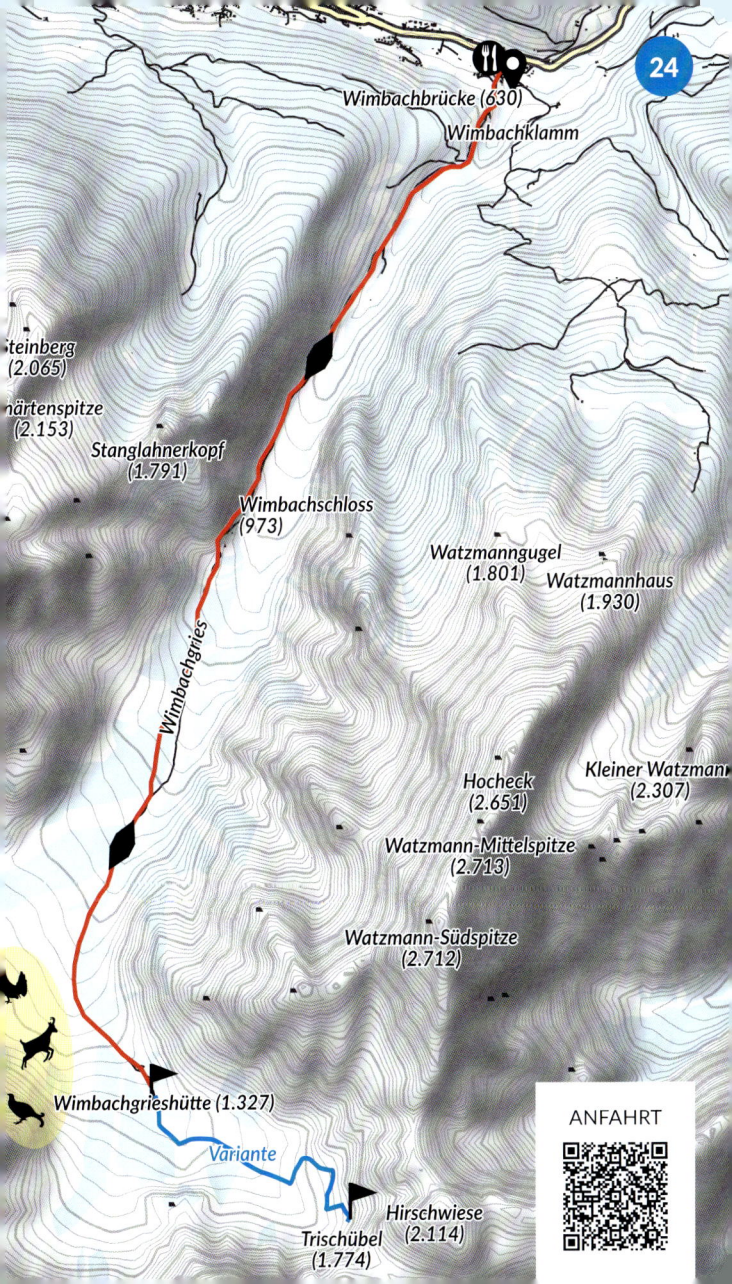

24

Wimbachbrücke (630)

Wimbachklamm

teinberg
(2.065)

härtenspitze
(2.153)

Stanglahnerkopf
(1.791)

Wimbachschloss
(973)

Watzmanngugel
(1.801)

Watzmannhaus
(1.930)

Wimbachgries

Hocheck
(2.651)

Kleiner Watzman
(2.307)

Watzmann-Mittelspitze
(2.713)

Watzmann-Südspitze
(2.712)

Wimbachgrieshütte (1.327)

Variante

Trischübel
(1.774)

Hirschwiese
(2.114)

ANFAHRT

Gebirgsstock
Hochkalter

Aufstieg am Anfang der Hochalm-Freifläche,
im Hintergrund der Stanglahnerkopf

HOCHKALTER

HOCHALM, 2.012 m

25

Die Tour auf die Hochalm führt in eine beeindruckende Hochgebirgslandschaft: Eine weite, freie Hochfläche vor den senkrechten Wänden des Hochkaltermassivs lädt zu genussvollen Schwüngen ein. Allerdings erfordert der mittlere Teil der Abfahrt reaktives Skifahren, um eine Waldpassage zu bewältigen.

🔄 12,5 km   🕐 4,5 Std.   ↗ 1.330 Hm   🧭 Nord, Nord-Ost

STARTPUNKT: Parkplatz Pfeiffenmacherbrücke, 679 m
ENDPUNKT: Hochalm, 2.012 m
ANFORDERUNG: Konditionell und technisch anspruchsvoll

Aufstieg durch tiefen Pulverschnee, im Hintergrund die steilen Ostabstürze des Hochkalter-Massivs

🟠 Lawinenrisiko ist höher, als das Gelände vermuten lässt

🟠 Wirtshaus Waldquelle, Bergsteigercafe

🟠 Wald-Wild-Schongebiet im Aufstieg und bei Abfahrt durch den Wald beachten

| NOV | DEZ | JAN | FEB | MÄR | APR |

WEGBESCHREIBUNG

Die Tour startet am Parkplatz Pfeiffenmacherbrücke. Von hier führt ein breiter Forstweg, der im Winter als Rodelbahn fungiert, direkt zur Eckaualm auf 1.050 m hinauf. Der Forstweg endet im Kessel der Eckau und die Spur zieht nun nach links in eine steile Rinne, die direkt in Falllinie des Stanglahnerkopfs emporzieht. Auf einer Höhe von ca. 1.150 m führt die Spur nach rechts durch den lichten Wald und umgeht einen Felsgürtel mittels eines Linksbogens. Nun wieder schräg rechts bis auf ca. 1.200 m. Von hier orientiert man sich wieder leicht links in Richtung Stanglahnerkopf. Auf der Höhe von ca. 1.400 m legt sich das Gelände etwas und man erreicht bei ca. 1.550 m die Waldgrenze und den Almboden der Hochalm. Von hier geht es in südwestlicher Richtung auf eine Kuppe und von dort über kupiertes Gelände und Hügel zum höchsten Punkt der Hochalm auf 2.012 m.

Abfahrt erfolgt über die Aufstiegsroute. Im oberen Teil gibt es mehrere Varianten, je nach Verhältnissen und Befahrungen links oder auch rechts der Aufstiegsspur abzufahren. Im Wald kann man im Gelände links der Aufstiegsspur abfahren und ab der Eckaualm geht es über die Forststraße zurück zum Ausgangspunkt.

Blick ins Wimbachtal zu Watzmann und Hundstod während der Abfahrt

Parkplatz
Pfeiffenmächerbrücke
(679)

RAMSAU

chärtenalm
(1.359)

Eckaualm
(1.050)

Steinberg
(2.065)

Schärtenspitze
(2.153)

Almboden
Hochalm

Stanglahnerkopf
(1.791)

Hochalm (2.012)

ANFAHRT

Durch lichten Lärchenwald hinauf ins Ofental

HOCHKALTER

OFENTAL, 2.366 m

Unter den Tälertouren ist das Ofental eine der bequemsten Touren, obwohl man auch für diese Tour etwa fünf Stunden im Anstieg braucht. Doch geduldige Skitourengeher haben ihre Freude an der einsamen Hochgebirgslandschaft, auch wenn sie oben keinen markanten Gipfel besteigen. Die Abfahrt ist im oberen Teil wunderbar weitläufig und danach machen die langen Kehren des Ziehweges vor allem denjenigen viel Spaß, die immer schon mal Skicross üben wollten.

 16 km   5 Std.  1.650 Hm 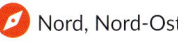 Nord, Nord-Ost

STARTPUNKT: Parkplatz Hintersee West an der Nationalpark-Infostelle Klausbachhaus, 794 m
ENDPUNKT: Ofentalscharte, 2.366 m
ANFORDERUNG: Konditionell und technisch anspruchsvoll

Rückblick ins
weite Ofental

Lawinenrisiko ist höher, als das Gelände vermuten lässt

Gasthaus Auzinger

Kein Wald-Wild-Schongebiet,
Schneehuhn im oberen Talbereich

NOV	DEZ	JAN	FEB	MÄR	APR

WEGBESCHREIBUNG

Die Tour startet am Parkplatz Hintersee West. Von hier der Straße ca. 200 m folgen und am Nationalparkstein links abzweigen. Der Wanderweg führt ohne Steigung in das Klausbachtal hinein, bis man an einer Weggabelung links die Abzweigung ins Ofental und Richtung Hochkalter nimmt. Bei der Gabelung wird der Klausbach überquert und nach ca. 100 m erreicht man eine weitere Gabelung, die rechts ins Sittersbachtal führt und geradeaus weiter ins Ofental. Man folgt der Beschilderung ins Ofental und dann geht es erst weit nach links, bis es über seichte Kehren bei angenehmer Steigung wieder nach rechts geht. Die Kehren ziehen homogen durch den weiten Waldgürtel, bis sich der Weg bei einer Lichtung steil nach links wendet. Hier nicht nach rechts ins Steintal abbiegen, sondern weiter geradeaus und linkshaltend ins Ofental. Über mehrere Schleifen durch den Wald, ehe man die Talfurche betritt und das Gelände übersichtlicher wird. Eine Steilstufe rechts überwinden und weiter in das Tal aufsteigen, welches sich bei weiterem Voranschreiten zurücklehnt und den Blick auf die Ofentalscharte freigibt. Auf ca. 2.200 m markieren große Felsblöcke noch einmal einen letzten Aufschwung, welcher über mehrere Steilstufen zur Scharte hinauf führt.

Die Abfahrt erfolgt über die Aufstiegsroute.

Tiefblick zur Reiteralm und ins Klausbachtal

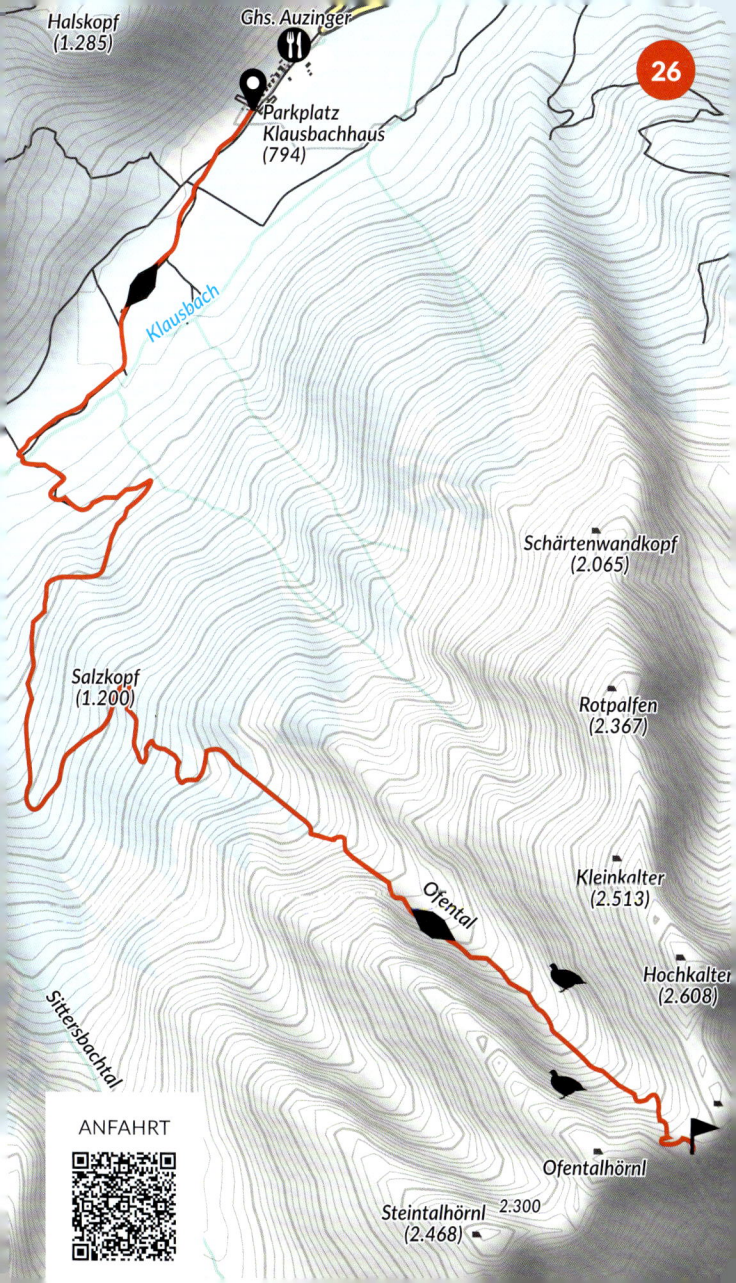

Halskopf
(1.285)

Ghs. Auzinger

Parkplatz
Klausbachhaus
(794)

Klausbach

26

Schärtenwandkopf
(2.065)

Salzkopf
(1.200)

Rotpalfen
(2.367)

Kleinkalter
(2.513)

Ofental

Hochkalter
(2.608)

Sittersbachtal

Ofentalhörnl

ANFAHRT

Steintalhörnl   2.300
(2.468)

Gipfelglück am Steintalhörnl, im
Hintergrund das obere Wimbachtal

HOCHKALTER

STEINTALHÖRNL, 2.468 m

Diese fulminante Skitour verlangt den Sportlern alles ab: Eine extrem steile Waldabfahrt und ein alpiner Gipfelhang mit oftmals eisigen Passagen sind zu bewältigen. Daher sollte man für diese selten begangene Tour aufs Steintalhörnl wirklich auf optimale Verhältnisse warten.

🔄 16 km   🕐 5,5 Std.   ↗ 1.650 Hm   🧭 West, Nord-West

STARTPUNKT: Parkplatz Hintersee West an der Nationalpark-
Infostelle Klausbachhaus, 794 m
ENDPUNKT: Steintalhörnl, 2.468 m
ANFORDERUNG: Konditionell und technisch sehr anspruchsvoll,
im Frühjahr unbedingt Harscheisen mitnehmen

Aufstieg ins Sittersbachtal

 Sichere Lawinenverhältnisse unbedingt erforderlich

 Gasthaus Auzinger

 Kein Wald-Wild-Schongebiet, Gamswild
und Schneehuhn im oberen Talbereich

| NOV | DEZ | JAN | **FEB** | **MÄR** | **APR** |

WEGBESCHREIBUNG

Die Tour startet am Parkplatz Hintersee West. Von hier der Straße ca. 200 m folgen und am Nationalparkstein links abzweigen. Der Wanderweg führt ohne Steigung in das Klausbachtal hinein, bis man an einer Weggabelung links die Abzweigung ins Ofental und Richtung Hochkalter nimmt. Bei der Gabelung wird der Klausbach überquert und nach ca. 100 m erreicht man eine weitere Gabelung, die rechts (unbezeichnet) ins Sittersbachtal abzweigt. Von hier geht es ein ganzes Stück Richtung Westen und nach der Überquerung des Sittersbachs zweigt markant nach links ein weiterer Weg ab, den man bis zu einer Lichtung, dem früheren Standort der Sittersbachhütte, verfolgt. Von der Lichtung führt eine steile Waldschneise nach rechts hinauf, bis sie von Felsen durchzogen ist und der Weg einen nach links abdrängt. Jetzt wieder weiter über mühsames Gelände den lichten und sehr steilen Jungwald entlang hochsteigen, bis man den Beginn des Kars erreicht. Im rechten Bereich des Kars geht

Aufstieg über die breite Südwestflanke aufs Steintalhörnl

Halskopf
(1.285)

Ghs. Auzinger

Parkplatz
Klausbachtal
(794)

Klausbach

Sittersbach

Schärtenwandkopf
(2.065)

Salzkopf
(1.200)

Rotpalfen
(2.367)

Kleinkalter
(2.513)

Ofental

Hochkalter
(2.608)

900

Sittersbachtal

Ofentalhörnl
(2.513)

Steintalhörnl
(2.468)

Eislhörnl
(2.095)

Hocheishörnl
(2.252)

Hinterberghorn
(2.493)

Hinterbergkopf
(2.247)

ANFAHRT

es über kupiertes Gelände, Mulden und Kuppeln in Richtung Südosten weiter bergauf, bis sich bei voranschreitender Höhe das Tal immer weiter abflacht und weitet. Auf der Höhe von 1.900 m teilen sich die Skirouten und man quert zur linken Talseite und hält auf den sichtbar breiten Südwesthang des Steintalhörnls zu. Eine Steilstufe wird links umgangen und man steigt stetig das steile Gelände hinauf in Richtung Gipfel. Bei guten Verhältnissen ist ein kompletter Aufstieg mit Skiern möglich. Bei Vereisung sollten unterhalb des Gipfels die Skier deponiert werden. Zu Fuß geht man dann bis zum höchsten Punkt.

Abfahrt erfolgt über die Aufstiegsroute. Im Talgrund des weiten Kars gibt es verschiedene Abfahrtsmöglichkeiten, entweder links oder rechts der Aufstiegsspur, je nach Sonneneinstrahlung und Schneebeschaffenheit zu wählen.

Schneidige Abfahrt ins Sittersbachtal, im Hintergrund die Reiteralm

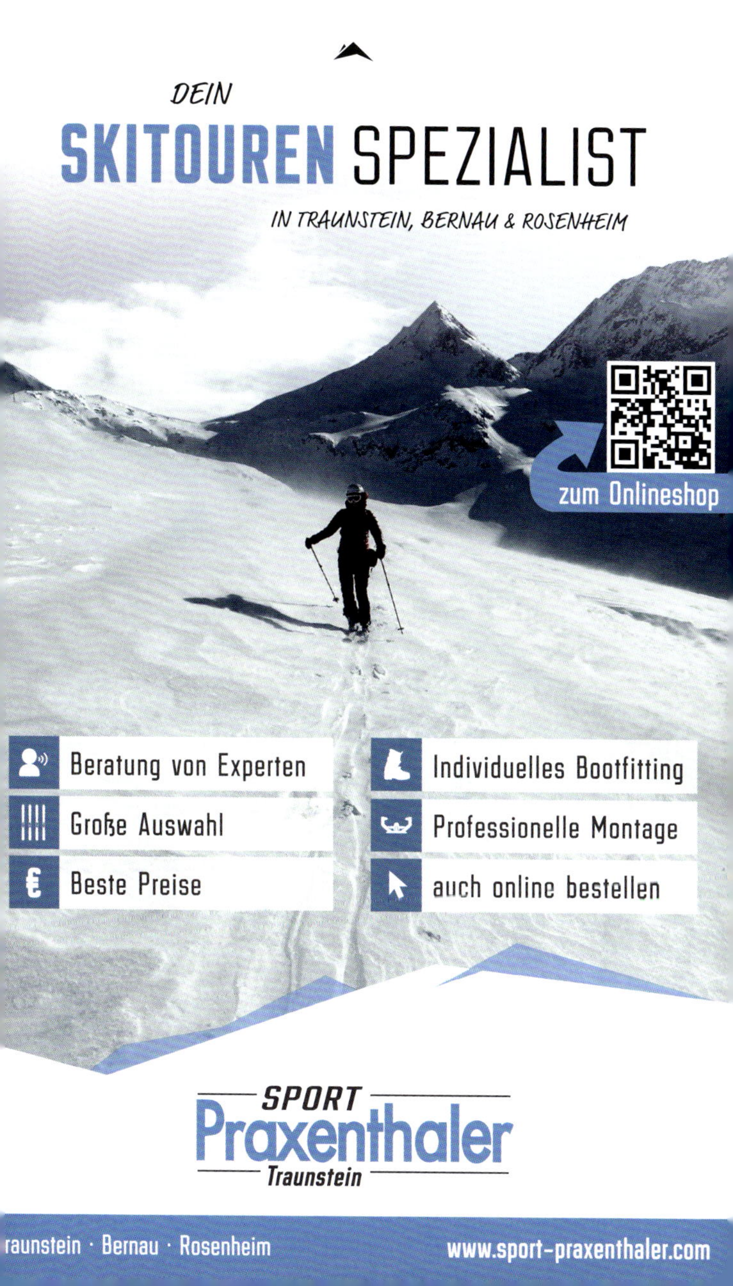

Aufstieg durchs Sittersbachtal, im Hintergrund die Mühlsturzhörner

HOCHKALTER

HOCHFELDSCHARTE, 2.342 m

Aufgrund der phantastischen Abfahrt entlang mehrerer Nordhänge, die fast immer mit Pulverschnee aufwarten, lohnt sich der mühsame Weg durchs Sittersbachtal zur Hochfeldscharte. Zumal die von unten eher unscheinbare Einschartung einen tollen Blick auf die Kallbrunn-almen und das Seehorn freigibt.

🔄 15 km 🕐 5 Std. ↗ 1.600 Hm 🧭 West NW, Nord

STARTPUNKT:	Parkplatz Hintersee West an der Nationalpark-Infostelle Klausbachhaus, 794 m
ENDPUNKT:	Hochfeldscharte, 2.342 m
ANFORDERUNG:	Konditionell und technisch sehr anspruchsvoll, im Frühjahr unbedingt Harscheisen mitnehmen

Ausblick von Hochfeldscharte auf die Kallbrunnalmen

🦫 Sichere Lawinenverhältnisse unbedingt erforderlich

🍴 Gasthaus Auzinger

🌲 Kein Wald-Wild-Schongebiet, Gamswild und Schneehuhn im oberen Talbereich

NOV	DEZ	JAN	FEB	MÄR	APR

WEGBESCHREIBUNG

Die Tour startet am Parkplatz Hintersee West. Von hier der Straße ca. 200 m folgen und am Nationalparkstein links abzweigen. Der Wanderweg führt ohne Steigung in das Klausbachtal hinein, bis man an einer Weggabelung links die Abzweigung ins Ofental und Richtung Hochkalter nimmt. Bei der Gabelung wird der Klausbach überquert und nach ca. 100 m erreicht man eine weitere Gabelung, die rechts ins Sittersbachtal abzweigt. Von hier geht es ein ganzes Stück Richtung Westen und nach der Überquerung des Sittersbachs zweigt markant nach links ein weiterer Weg ab, den man bis zu einer Lichtung, dem früheren Standort der Sittersbachhütte, verfolgt. Von der Lichtung führt eine steile Waldschneise nach rechts hinauf, bis sie von Felsen durchzogen ist und der Weg einen nach links abdrängt. Jetzt wieder weiter über mühsames Gelände den lichten und sehr steilen Jungwald entlang hochsteigen, bis man zum Beginn des Kars gelangt. Im rechten Bereich des Kars geht es über kupiertes Gelände, Mulden und Kuppeln in Richtung Südosten weiter bergauf, bis sich bei voranschreitender Höhe das Tal immer weiter abflacht und weitet. Auf der Höhe von 1.900 m teilen sich die Skirouten und man zieht über mehrere Spitzkehren die rechte Bergflanke zum Hinterbergkar hinauf. An der langgezogenen Rampe des Hinterbergkars angelangt, geht es nun in südlicher Richtung zur Hochfeldscharte hinauf.

Die Abfahrt erfolgt über die Aufstiegsroute.

Abfahrt vor der mächtigen Kulisse der Reiteralm-Gipfel durchs Sittersbachtal

Ghs. Auzinger

Parkplatz
Klausbachtal
(794)

Halskopf
(1.285)

Klausbach

Teufelskopf
(1.340)

Schärtenwandkopf
(2.065)

Sittersbach

Rotpalfen
(2.367)

Kleinkalter
(2.513)

Hochkalter
(2.608)

Ofental

Vorderberghörnl
(2.083)

Sittersbachtal

Ofentalhörnl
(2.513)

Steintalhörnl
(2.468)

Hinter-
bergkar

Hinterbergkopf
(2.247)

Hocheisspitze
(2.523)

Hochfeldscharte
(2.342)

Kämmerlinghorn
(2.483)

28

ANFAHRT

Aufstieg durch den Hocheiskessel zur Hocheisspitze

HOCHEISSPITZE, 2.523 m

*Die Hocheisspitze gilt als einer der alpinsten und anspruchsvollsten
Gipfel der Berchtesgadener Region: Nur bei guten Verhältnissen sollte man dieses Abenteuer wagen, da die Skitour weitreichendes alpines Know-how, auch im letzten Gipfelanstieg ohne Skier, verlangt.
Zudem ist die Lawinengefahr hier oftmals sehr kritisch.*

🅖 23 km 🅞 6 Std. ↗ 1.750 Hm 🧭 Nord, Nord-Ost

STARTPUNKT:	Parkplatz Hintersee West an der Nationalpark-Infostelle Klausbachhaus, 794 m
ENDPUNKT:	Hocheisspitze, 2.523 m
ANFORDERUNG:	Konditionell und technisch äußerst anspruchsvoll

Ausblick vom Hocheiskessel aufs Kammerlinghorn

🅧 Sehr hohe Lawinengefährdung

🅧 Gasthaus Auzinger

🅧 Kein Wald-Wild-Schongebiet

NOV	DEZ	JAN	FEB	**MÄR**	**APR**

WEGBESCHREIBUNG

Die Tour startet am Parkplatz Hintersee West. Von hier die geteerte Straße entlang bis zur Abzweigung Bindalm. Im Frühjahr, wenn kein Schnee mehr liegt, ist zu empfehlen, die lange Strecke von 8 km mit dem Fahrrad zurückzulegen.

Nach der Abzweigung zur Bindalm geht man an den Almen vorbei und in süd-südöstlicher Richtung zum Waldrand hinauf. Hier tritt der Wanderweg in den Wald ein und man folgt diesem über mehrere Kehren in den breiten Kessel der Mittereisalm hinauf. Von hier aus wird eine bewaldete Steilstufe links umgangen, um ins untere Hocheiskar zu kommen, von dem aus man weiter über welliges und gestuftes Gelände in den Hocheiskessel gelangt. Sich links haltend von einer großen Grube geht es an den Wandfuß des steilen Gipfelhangs der Hocheisspitze. Die Steilflanke wird zu Anfang links angegangen, bis nach ca. 150 Hm eine Rechtsquerung kommt, die zum letzten Aufschwung zur Scharte führt. Dieser Teil ist nochmal sehr steil und wird, dem Gelände angepasst, mal rechts, mal mittig bis unterhalb des Felsgürtels bestiegen. Die letzten Meter zur Scharte sind nochmals sehr steil. An der Scharte deponiert man die Skier und steigt die letzten Meter zu Fuß zum Gipfel der Hocheisspitze hinauf.

Abfahrt erfolgt über die Aufstiegsroute. Am Ende des Kessels kann man sich auch links halten und unter der Flanke der Kleineishörnls und durch eine Rinne direkt zur Mittereisalm abfahren.

Frühlingshafter Abfahrtsgenuss oberhalb der Bindalm

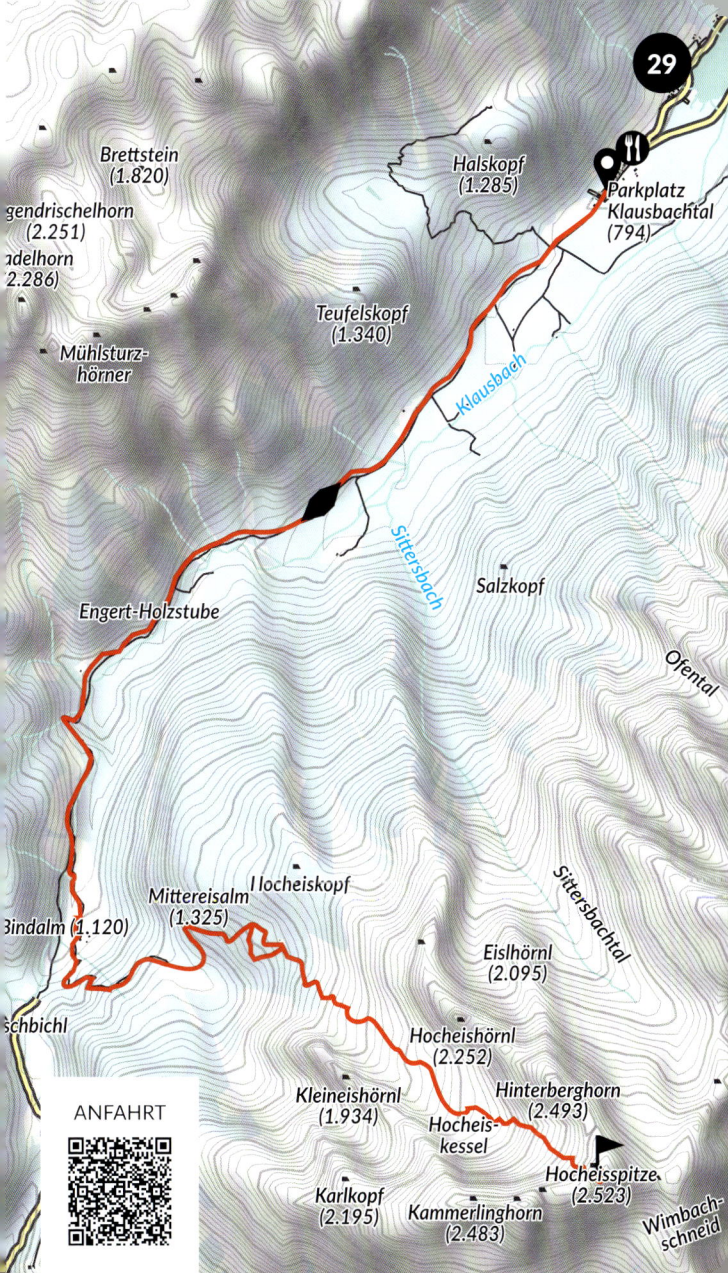

Seehorn vom Kühkranz aus

HOCHKALTER

SEEHORN, 2.321 m

Die Tour aufs Seehorn ist eine wunderschöne Panorama-Skitour ohne große Überraschungen. Man kann das angenehme Aufstiegs- und Abfahrtsgelände genießen, aber dennoch das alpine Flair der großen Klassiker unter den Berchtesgadener Skitouren erfühlen: Es eröffnet sich ein direkter Blick zum Großen Hundstod und in die Hochwies, wohin die Große Reibn hinabführt.

 14 km   4 Std.   ↗ 1.400 Hm    West, Nord-West

STARTPUNKT: Parkplatz Waltmühlsäge, Hintertal, 988 m
ENDPUNKT: Seehorn, 2.321 m
ANFORDERUNG: Konditionell im oberen Anspruchssegment, technisch mittel

Vorbei an der Skitourentafel auf der Hochfläche der Kallbrunnalmen

 Mittlere Lawinengefährdung

 Gasthof Lohfeyer

🌲 Wald-Wild-Schongebiet, Birkwild und Gamswild entlang der Route

NOV	DEZ	JAN	FEB	MÄR	APR

WEGBESCHREIBUNG

Die Tour startet am Parkplatz Waltmühlsäge. Direkt am Parkplatz, bei der Skitourentafel, beginnt der Anstieg, der zu Beginn kurz durch den Wald und zur Forststraße hinauf führt. Der breiten Straße in südöstlicher Richtung folgen. Oftmals zweigt eine Spur nach rechts ab und verkürzt den Weg, indem sie durch den Graben hinauf führt und danach wieder auf die Forststraße trifft, die zur Kallbrunnalm führt. Diese bis zu ihrem Ende auf die Hochebene der Kallbrunnalmen gehen. Bevor man die ersten Almen sieht, geht es in östlicher Richtung an einer großen Skitourentafel in eine Senke hinab und von hier über die Almwiese und lichten Bergwald auf einen Absatz. Skitourenmarkierungen an den Bäumen helfen bei der Orientierung. Auf Höhe der Waldgrenze zieht man die Spur über kupiertes Gelände auf die rechte Bergseite hinüber, bis man in felsigeres Gelände kommt und der querverlaufende Felsgürtel einen zu seinem linken Eck leitet und den Übergang zum letzten Gipfelanstieg markiert. Vorbei am Sennerinnenkreuz erreicht man über die rechte Hangseite das Gipfelkreuz des Seehorns auf 2.321 m.

Vom Gipfel fährt man entlang der Aufstiegsspur zurück zum Parkplatz ab.

Zugiger Fellwechsel am Seehorn-Gipfel

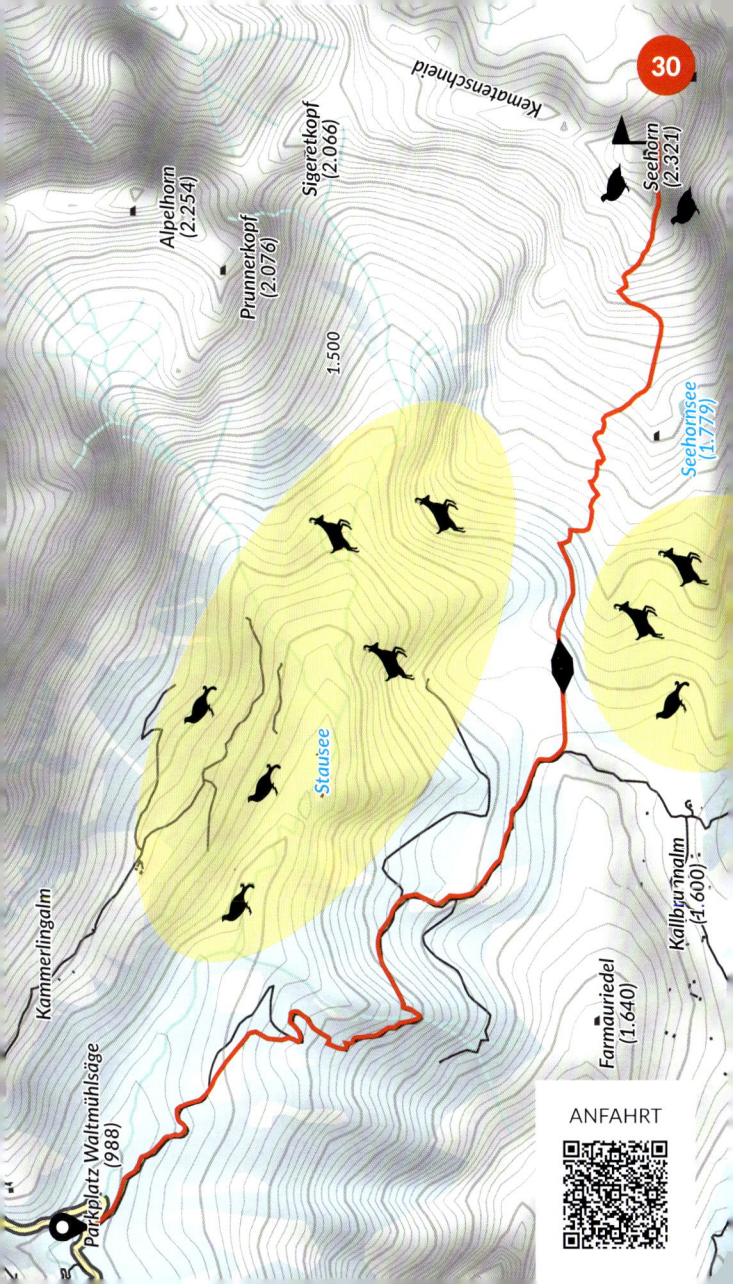

30

Kemetenschneid

Seehörn (2.321)

Seehornsee (1.779)

Sigeretkopf (2.066)

Alpelhorn (2.254)

Prunnerkopf (2.076)

1.500

Stausee

Kammerlingalm

Kallbrunnalm (1.600)

Farmauriedel (1.640)

Parkplatz Waltmühlsäge (988)

ANFAHRT

Aufstieg zum Kühkranz-Plateau
unter dem Hochkranz
HOCHKALTER

KÜHKRANZ, 1.811 m

Eine Genießer-Skitour, die eine weite Almfläche mit zahlreichen ver-schneiten Hütten passiert: Neben dem Almidyll reizt auch der freie Blick auf die Leoganger und Loferer Steinberge. Die Abfahrt ist unkom-pliziert, zumal man bald wieder zurück auf die Forststraßen gelangt.

🔄 11,6 km   🕐 3 Std.   ↗ 833 Hm   🧭 alle Expositionen

STARTPUNKT: Parkplatz Waltlmühlsäge, Hintertal, 988 m
ENDPUNKT: Kühkranz, 1.811 m
ANFORDERUNG: Konditionell und technisch leicht

Aufstieg von der Kallbrunnalm

🛡 Geringe Lawinengefährdung

🍴 Gasthof Lohfeyer

🌲 Wald-Wild-Schongebiet, Birkwild und Gamswild

NOV	DEZ	JAN	FEB	MÄR	APR

WEGBESCHREIBUNG

Die Tour startet am Parkplatz Waltmühlsäge. Direkt am Parkplatz, bei der Skitourentafel, beginnt der Anstieg, der erst ein kurzes Stück durch den Wald zur Forststraße hinauf führt. Der Straße in südöstlicher Richtung folgen. Oftmals zweigt eine Spur nach rechts ab und verkürzt den Weg, indem sie durch den Graben hinauf führt und danach wieder auf die Forststraße trifft, die zur Kallbrunnalm führt. Diese bis zu ihrem Ende auf der Hochebene der Kallbrunnalmen gehen. Zu Beginn der ersten Almen zweigt man nach rechts ins Gelände ab und begibt sich in westlicher Richtung zum Sattel des Kühkranzes. Den freien Osthang des Kühkranzes hochsteigen, bis ein kurzes Flachstück das Gelände unterbricht und ein letztes kurzes Steilstück auf die latschenbewachsene flache Gipfelkuppe des Kühkranzes, 1.811 m, führt.

Vom Gipfel fährt man entlang der Aufstiegsspur zurück zum Parkplatz.

Tiefblick auf die Kallbrunnalmen

rkplatz Waltmühlsäge
(988)

Stausee

Kühkranz
(1.811)

Farmauriedel
(1.640)

Kallbrunnalm
(1.600)

ANFAHRT

Gebirgsstock
Reiteralm

Sonniger Gruß vom Großen Weitschartenkopf

REITERALM

GROSSER WEITSCHARTENKOPF, 1.979 m

Nach einem langen, beschwerlichen Anstieg bis zum Schrecksattel lockt der Weitschartenkopf als angenehmer Skitourenberg, der eine herrliche Abfahrt hinab ins einsame winterliche Reiteralm-Plateau ermöglicht. Allerdings ist die Abfahrt jenseits des Schrecksattels eher anspruchsvoll.

🔄 18 km   🕐 6 Std.   ↗ 1.550 Hm   🧭 alle Expositionen

STARTPUNKT:	Parkplatz vor Bundeswehrgelände Oberjettenberg
ENDPUNKT:	Großer Weitschartenkopf, 1.979 m
ANFORDERUNG:	Konditionell anspruchsvoll, technisch mittel

Vorbei an Stacheldraht und durch das Truppenübungsgelände

🌀 Mittlere Lawinengefährdung

🍴 Wirtshaus Wachterl, Gasthof Baltram

🌲 Kein Wald-Wild-Schongebiet, Birk- und Gamswild

NOV	DEZ	JAN	FEB	MÄR	APR

WEGBESCHREIBUNG

Die Tour startet am Bundeswehrgelände. Vom Parkplatz an Gebäuden der Bundeswehr vorbei, bis man zu einer Kehre kommt, nach der wieder Gebäude zu sehen sind. Vor den Gebäuden rechts dem beschilderten Forstweg in Richtung Traunsteiner Hütte folgen. Kurz nach der Rastnock-Diensthütte rechts auf den Fahrweg weiter, bis man zu einem Wasserbehälter gelangt. Hier oberhalb durch eine Waldschneise schräg rechts hinauf und einen tief eingeschnittenen Bach nach rechts queren. Die Spur führt steil hinauf, bis man unter den Felswänden des Weitschartenkopfs von rechts nach links zum Schrecksattel, einem tiefen Einschnitt, quert. Am Schrecksattel flacht das Gelände abrupt ab und man betritt das Hochplateau der Reiteralm. Der Weg führt jetzt über kupiertes Gelände, bergauf und bergab, schräg rechts zur Neuen Traunsteiner Hütte, die unvermittelt hinter einer Geländekante auftaucht. Von der Hütte nordwestwärts in mehreren Kehren über den Südosthang aufsteigen.

Man kann den breiten Hang direkt vom Gipfel in südlicher Richtung abfahren oder entlang der Aufstiegsspur zurück zur Traunsteiner Hütte und von dort über den Schrecksattel zurück zum Parkplatz.

Genussvolle Abfahrt vom Großen Weitschartenkopf zur neuen Traunsteiner Hütte

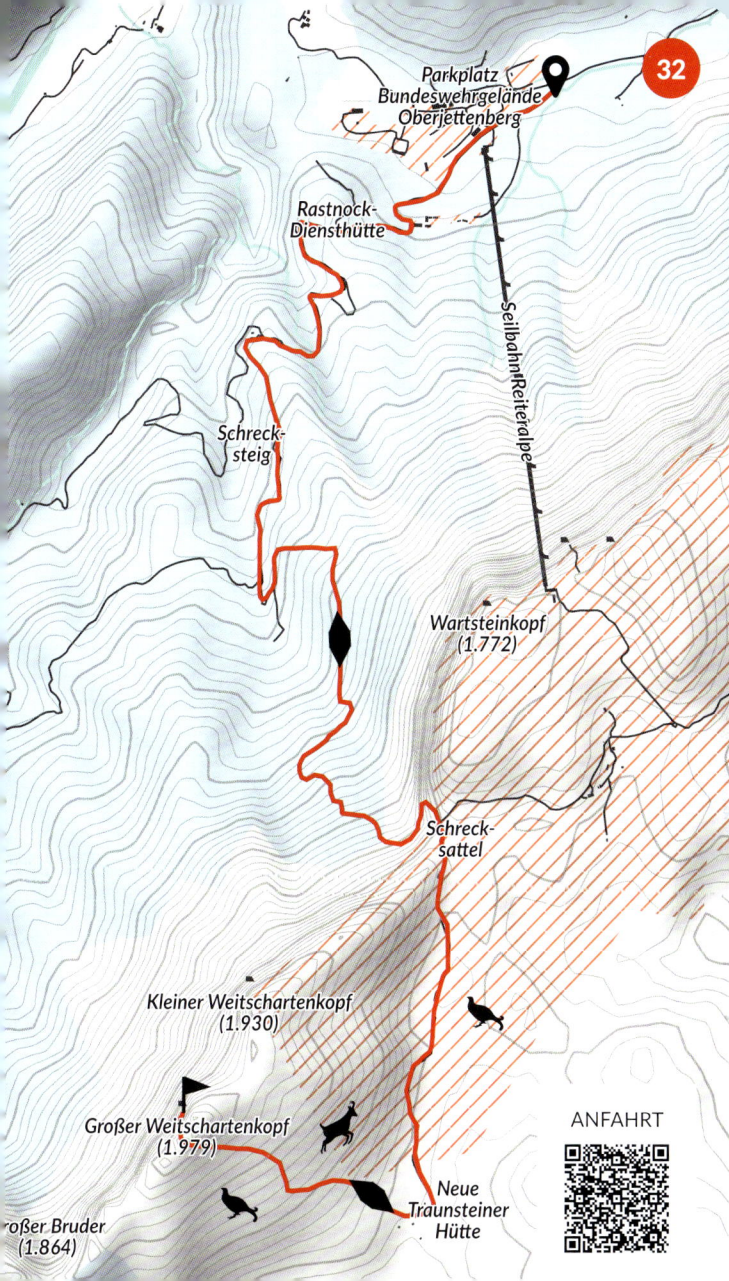

32

Parkplatz
Bundeswehrgelände
Oberjettenberg

Rastnock-
Diensthütte

Seilbahn Reiteralpe

Schreck-
steig

Wartsteinkopf
(1.772)

Schreck-
sattel

Kleiner Weitschartenkopf
(1.930)

Großer Weitschartenkopf
(1.979)

Neue
Traunsteiner
Hütte

roßer Bruder
(1.864)

ANFAHRT

Durch das Rosskar und am Häuselhorn vorbei

REITERALM

WAGENDRISCHELHORN, 2.251 m

Dieses Skitouren-Schmankerl auf der Reiteralm darf man häufig ganz alleine genießen: Nach dem Aufstieg über den Schrecksattel geht es – unterhalb der alpinen Häuselhörner – auf den breiten Rücken des Wagendrischelhorns, das von weitem durch seine Guglhupf-Form heraussticht. Nach einem gigantischen Ausblick hinüber zu den drei Hochkalter-Tälern folgt eine genussvolle Abfahrt bis zur Neuen Traunsteiner Hütte.

 24 km   7 Std.   2.000 Hm   Nord, Nord-West

STARTPUNKT: Parkplatz vor Bundeswehrgelände Oberjettenberg
ENDPUNKT: Wagendrischelhorn, 2.251 m
ANFORDERUNG: Konditionell und technisch schwer

Aufstieg zum Wagendrischlhorn

 Mittlere Lawinengefährdung

 Wirtshaus Wachterl, Gasthof Baltram

 Kein Wald-Wild-Schongebiet, Schneehuhn im oberen Bereich, Birkwild im Plateaubereich

NOV	DEZ	JAN	FEB	MÄR	APR

WEGBESCHREIBUNG

Die Tour startet am Bundeswehrgelände. Vom Parkplatz an Gebäuden der Bundeswehr vorbei, bis man zu einer Kehre kommt, nach der wieder Gebäude zu sehen sind. Vor den Gebäuden rechts dem beschilderten Forstweg in Richtung Traunsteiner Hütte folgen. Kurz nach der Rastnock-Diensthütte rechts auf den Fahrweg weiter, bis man zu einem Wasserbehälter gelangt. Hier oberhalb durch eine Waldschneise schräg rechts hinauf und einen tief eingeschnittenen Bach nach rechts queren. Die Spur führt steil hinauf, bis man unter den Felswänden des Weitschartenkopfs von rechts nach links zum Schrecksattel, einem tiefen Einschnitt, quert und bis zum Sattel hochsteigt.

Am Schrecksattel flacht das Gelände abrupt ab und man betritt das Hochplateau der Reiteralm. Der Weg führt jetzt über kupiertes Gelände, bergauf und bergab, schräg rechts zur Neuen Traunsteiner Hütte, die unvermittelt hinter einer Geländekante auftaucht. Von der Hütte südlich über die Reiteralmen und durch lichten Bergwald zur Rossgasse aufsteigen. An einem Felskopf links vorbei und eine kurze Stelle bergab ins Rosskar

Ausblick auf Häuselhörner und Großen Weitschartenkopf

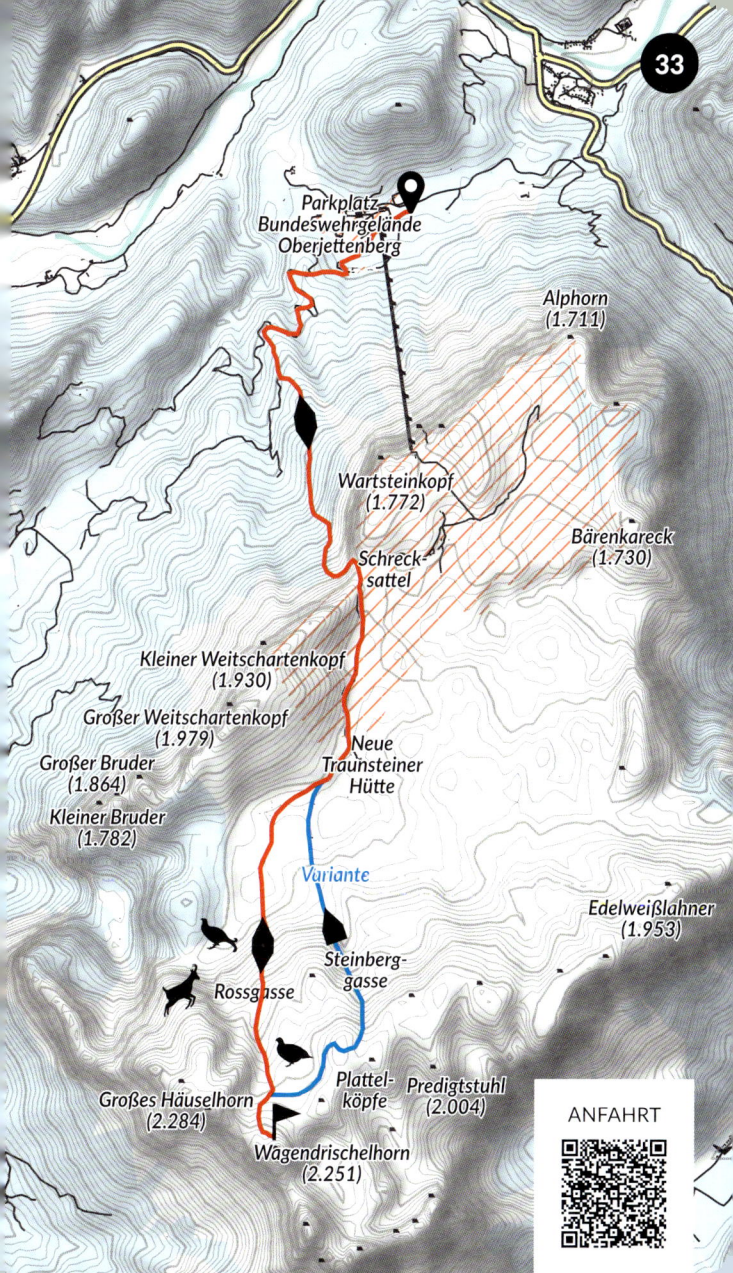

33

Parkplatz
Bundeswehrgelände
Oberjettenberg

Alphorn
(1.711)

Wartsteinkopf
(1.772)

Bärenkareck
(1.730)

Schreck-
sattel

Kleiner Weitschartenkopf
(1.930)

Großer Weitschartenkopf
(1.979)

Großer Bruder
(1.864)

Neue
Traunsteiner
Hütte

Kleiner Bruder
(1.782)

Edelweißlahner
(1.953)

Variante

Steinberg-
gasse

Rossgasse

Plattel-
köpfe

Predigtstuhl
(2.004)

Großes Häuselhorn
(2.284)

ANFAHRT

Wagendrischelhorn
(2.251)

TALKBACK
96

128-96-115

K2SNOW.COM

BUILT TO BLAST

hinabrutschen. Das Rosskar nach Süden durchqueren und über kupiertes Gelände schräg links unter den Windlochköpfen vorbei auf einen Kamm, der zum Wagendrischelhorn zieht, aufsteigen. Dem Kamm folgen und unter den Westhängen des Wagendrischelhorns bis zur Einschartung gehen und von hier in östlicher Richtung auf den Gipfel.

Man kann über die Aufstiegsspur oder über die Steinberggasse abfahren. Bei der Variante über die Steinberggasse fährt man zuerst entlang der Aufstiegsspur ab und dann in nordwestlicher Richtung in eine flache Mulde. Hier zieht man noch einmal die Felle auf und steigt flach zum Plattelkopf auf. Die sich dort oft befindliche Wechte rechts überwinden und links in die Steinberggasse abfahren. Zuletzt nach Norden durch lichten Wald auf das Hochplateau abfahren. Am Plateauboden angelangt geht es, der Aufstiegsspur folgend, zurück zum Schrecksattel und zum Parkplatz Oberjettenberg.

Purer Abfahrtsgenuss vom Gipfel,
Blick hinüber zum Weitschartenkopf

Gebirgsstock
Lattengebirge

Ausblick von der Mordaualm
auf Hundstod und Hochkalter

LATTENGEBIRGE

MORDAUALM, 1.194 m

*Eine leichte Skitour, die sich auch für Kinder eignet, wenn diese erst-
mals mit Tourenskiern unterwegs sind: Der Aufstieg ist ebenso wie
die Abfahrt kurz und einfach und dennoch beeindruckt die Mordaualm mit landschaftlichen Höhepunkten und einer freien Aussicht
Richtung Watzmann und Hochkalter.*

 5,6 km   1,5 Std.   302 Hm   Süd

STARTPUNKT: Parkplatz Taubensee, 890 m
ENDPUNKT: Mordaualm, 1.194 m
ANFORDERUNG: Konditionell und technisch sehr leicht

Aufstieg über die breite Forststraße

 Niedrige Lawinengefährdung

 Gasthof Baltram, Wirtshaus Wachterl

 Kein Wald-Wild-Schongebiet, Birkwild

| NOV | DEZ | JAN | FEB | MÄR | APR |

WEGBESCHREIBUNG

Die Tour startet am Parkplatz Taubensee. Von hier aus folgt man in nördlicher Richtung dem beschilderten Wanderweg Richtung Mordaualm. Der Forstweg zieht ganz seicht über freies Gelände, später etwas steiler durch den Wald zur freien Almfläche der Mordaualm hinauf. Wer noch weiter will, kann bis zum angrenzenden Waldrand aufsteigen und somit die Abfahrt etwas verlängern.

Man fährt entlang der Aufstiegsspur zurück zum Parkplatz.

Almidyll mit Panoramablick zum Hochkalter

34

Karspitz
(1.640)

Mordaualm (1.194)

Jochköpfl
(1.575)

Pfaffental
Forsthaus

Parkplatz
Taubensee
(890)

Deutsche Alpenstraße

ANFAHRT

Freude nach geschafftem Aufstieg

TOTER MANN, 1.391 m

Bei der Skitour zum Hirschkaser haben der kulinarische Genuss und die gesellige Einkehr einen höheren Stellenwert als die sportlichen Ambitionen. Auch Anfänger können die ausgeschilderte Tour, die sogar an einigen Abenden erlaubt ist, gut bewältigen, da die Abfahrt auf der präparierten Piste verläuft.

⟳ 5 km　　🕐 1,5 Std.　　↗ 370 Hm　　🧭 Süd, Süd-West

STARTPUNKT:　Wanderparkplatz Hochschwarzeck, 1.014 m
ENDPUNKT:　　Toter Mann, 1.391 m
ANFORDERUNG:　Konditionell und technisch sehr leicht

Die letzten Meter durch den Wald zum Hirschkaser

🚫 Keine Lawinengefährdung

ℹ️ Kein Aufstieg über Skipiste! Piste ist nur bis 16.30 Uhr freigegeben

🍴 Gasthaus Hirschkaser

🌲 Wald-Wild-Schongebiet am Hirscheck

NOV	DEZ	JAN	FEB	MÄR	APR

WEGBESCHREIBUNG

Die Tour startet am Wanderparkplatz Hochschwarzeck, der sich direkt an der Talstation der Hirscheckbahn befindet. Vom Parkplatz aus orientiert man sich parallel zur Straße nach Süden und biegt vor dem Haus Schwarzeck nach links ab, um auf einen Forstweg, der früher als Rodelbahn diente, zu gelangen. Dieser Weg wird gleichsam von Rodlern, Wanderern und Skitourengehern als Aufstieg zum Hirscheck und zum Toten Mann genutzt. Der Anstieg gestaltet sich gemütlich und sehr sonnig, da der Weg moderat ansteigend entlang der Süd- und Ostseite des Berges hinauf zum Hirschkaser auf 1.385 m führt. Wem es am Hirschkaser zu voll ist und wer mehr Ruhe bevorzugt, kann auf den gegenüber liegenden, 10 Meter höheren Gipfel des Toten Mannes ausweichen und dort eine ausgedehnte Gipfelrast in der Sonne genießen.

Die Abfahrt erfolgt in westlicher Richtung über die präparierte Skipiste zurück zum Parkplatz.

Ausblick vom Hirschkaser auf die Skiabfahrt

Toter Mann
(1.391)

Hirscheck
Hirschkaser
(1.385)

Wanderparkplatz
Hochschwarzeck
(1.014)

ANFAHRT

Entspanntes Sonnenbad am Götschenkopf-Gipfel

GÖTSCHENKOPF, 1.307 m

Diese leichte Anfänger-Skitour verläuft überwiegend auf oder in der Nähe einer präparierten Piste, die im unteren Teil fast ausschließlich von Skitourengehern genutzt wird. Somit kann man den Winterwald und den sonnigen Gipfel genießen, ohne dass das skifahrerische Können im Vordergrund steht.

🔄 7,5 km   🕐 2 Std.   ↗ 700 Hm   🧭 Nord, NO, Ost

STARTPUNKT: Bahnhof Bischofswiesen, 614 m
ENDPUNKT: Götschenkopf, 1.307 m
ANFORDERUNG: Konditionell und technisch leicht

Die ersten Meter von Bischofswiesen entlang der präparierten Tourengeher Piste

🔵 Keine Lawinengefährdung

ℹ️ Pistenöffnungszeiten beachten!

🍴 Götschenalm, Gasthaus Brenner Bräu, Bäckerei Böcklmühle

🌲 Wald-Wild-Schongebiet am Götschenkopf

| NOV | DEZ | JAN | FEB | MÄR | APR |

WEGBESCHREIBUNG

Die Tour startet am Bahnhof Bischofswiesen. Dort befindet sich ein großer öffentlicher Parkplatz, wo man direkt mit den Tourenski starten kann. Zwischen Parkplatz und Pistenrand beginnt bei der großen Skitourentafel der Aufstieg. Die Tour führt entlang der für Tourengeher extra präparierten Piste in westlicher Richtung bis zur Familienabfahrt des Skigebietes Götschen. Ab der Familienabfahrt befindet man sich auf öffentlicher Piste und sollte möglichst am Rand, unter Einhaltung der Regeln, aufsteigen. An der Bergstation zweigt man rechts ab und gelangt auf der rechten Hangseite über einen letzten steilen Anstieg zum Götschenkopf, 1.307 m.

Die Abfahrt erfolgt entlang der präparierten Skipiste zurück zum Parkplatz.

Aufstieg entlang der Piste zur Bergstation

36

BISCHOFSWIESEN

Bhf.

Götschen-
Skizentrum

Sagfeiler

Familienabfahrt

Götschenkopf
(1.307)

ANFAHRT

Blick auf den Törlkopf mit
Watzmann im Hintergrund

LATTENGEBIRGE

TÖRLKOPF, 1.704 m

Wer einsame Skitouren liebt und rassige Waldabfahrten nicht scheut, liegt mit dem Törlkopf genau richtig. Am Gipfel fächert sich das Panorama von Watzmann, Hochkalter und Reiteralm auf. Die Abfahrt erfordert schnelle Reaktionen auf Wegen, die sich eng durch den Wald schlängeln.

🔄 9,8 km   🕐 3,5 Std.   ↗ 1.000 Hm   🧭 Ost, Süd-Ost

STARTPUNKT: Klaushäusl, 710 m
ENDPUNKT: Törlkopf, 1.704 m
ANFORDERUNG: Konditionell und technisch mittel

Kurze Pause an der Bergwachthütte

🚩 Mittlere Lawinengefährdung

🍴 Gasthaus Brenner Bräu, Bäckerei Böcklmühle

🌲 Wald-Wild-Schongebiet östlich der Törlscharte

NOV	DEZ	JAN	FEB	MÄR	APR

WEGBESCHREIBUNG

Die Tour startet am Parkplatz Klaushäusl, wo man in südlicher Richtung der breiten Forststraße folgt. Nach ca. 300 Metern biegt rechts die Spur in den Wald ab und man kommt nach kurzer Zeit auf den breiten Forstweg, der sich öfters in direkter Linie abkürzen lässt, oder man geht die Kehren einfach aus. Auf ca. 1000 m verlässt man die breite Forststraße und folgt der Beschilderung Richtung Törlscharte, die nach links in einen schmalen Bergweg leitet. Diesem Weg folgt man, bis die freie Fläche der Mitterkaseralm, 1.230 m, erreicht ist. Diese quert man, die Alm zur Linken, bis man am oberen Ende der freien Fläche in den lichten Wald gelangt, der mit einer langen Rechtsquerung in eine freie Waldschneise wieder verlassen wird. Diese steile Schneise steigt man über mehrere Spitzkehren empor, bis man an der Törlscharte und der Bergwacht-Diensthütte wieder auf flaches Gelände trifft. In nördlicher Richtung an der Bergwachthütte vorbei und durch Latschengelände zum Gipfel des Törlkopfs, 1.704 m, aufsteigen.

Vom Gipfel fährt man entlang der Aufstiegsspur zurück zum Parkplatz.

Abfahrt über die Mitterkaseralm

37

Parkplatz
Klaushäusl
(710)

Klausbach

Kotalm

Törkopf (1.704)

Mitterkaseralm
(1.230)

Bergwachthütte
Törlscharte (1.515)

ANFAHRT

Ausblick vom Karkopf zum Gipfel und dem langgezogenen Kamms des Törlkopfs

LATTENGEBIRGE

LATTENGEBIRGS-ÜBERSCHREITUNG, 1.738 m

Nach der Fahrt mit der nostalgischen Predigtstuhlbahn beginnt eine genussvolle Skitour, bei der man die höchsten Gipfel des Lattengebirges überschreitet, ohne wirklich viele Höhenmeter bewältigen zu müssen. Allerdings erfordert die Abfahrt Richtung Bischofswiesen ein gutes skifahrerisches Können.

 9,9 km 4 Std. 323 Hm 1214 Hm Süd, SW

STARTPUNKT:	Bergstation Predigtstuhlbahn, 1.575 m
HÖCHSTER PUNKT:	Karkopf, 1.738 m
ENDPUNKT:	Klaushäusl-Parkplatz, Bischofswiesen-Winkl, 710 m
ANFORDERUNG:	Konditionell einfach und technisch mittel

Törlkopf-Gipfel mit Watzmannfrau im Hintergrund

Mittlere Lawinengefährdung

Bergstation Predigtstuhlbahn, Almhütte Schlegelmulde

Wald-Wild-Schongebiet östlich der Törlscharte und westlich des Hochschlegels

NOV	DEZ	JAN	FEB	MÄR	APR

WEGBESCHREIBUNG

Die Tour startet am Parkplatz der Talstation Predigtstuhlbahn: Man fährt mit der Bahn hinauf zur Bergstation des Predigtstuhls auf 1.575 m. Am Ausgang der Bahn leiten Schilder entlang des geräumten Höhenweges zur Schlegelmulde mit der Schlegelalm und ihrer großen Terrasse. Von der Alm weg führt die alte Skipiste über einen steilen Anstieg hinauf bis zum Gipfel des Hochschlegels auf 1.688 m. Am Gipfel vorbei geht die Spur erst flach vorbei und dann etwas abfallend in die Mulde vor dem Karkopf hinab. Der Anstieg von der Mulde bis zur höchsten Erhebung des Lattengebirges, dem Karkopf, bringt einen über sanftes Anstiegsgelände bis zum mächtigen Gipfelkreuz, 1738 m. Von hier hat man einen herrlichen Rundblick ins Berchtesgadener Tal, nach Bad Reichenhall und Salzburg. Vom Karkopf fällt das Gelände in südlicher Richtung in Kammnähe ab. Hier muss man entscheiden, ob es sich lohnt, die Felle für die knapp 120 Hm abzuziehen oder mit ihnen abzufahren. Aus der Senke zwischen Karkopf und Törlkopf steigt man – sich links haltend entlang des Kammes – zum Gipfel des Törlkopfes auf 1.704 m auf.

Vom Gipfel fährt man in südlicher Richtung zur Bergwachthütte in der Törlscharte ab. Hier biegt man in eine steile Waldschneise ein, die man nach rechts durch einen lichten Wald verlässt, und so zur Mitterkaseralm gelangt. Am unteren Ende der freien Almfläche beginnt der Forstweg, den man bis zum Parkplatz Klaushäusl hinab verfolgt.

Die letzten Meter zum Karkopf-Gipfel

38

Dötzenkopf
(1.001)

Bergstation (1.575)
Predigtstuhl (1.613)

Hint. Rotofen
(1.460)

Hochschlegel (1.688)

Dreisesselberg
(1.333)

Karkopf (1.738)

Steinerne Agnes
(1.300)

Törlkopf (1.704)

Bergwachthütte
Törlschneid

Parkplatz
Klaushäusl
(710)

Mitterkaseralm
(1.230)

Klausbach

START

Hochschlegel-Gipfel mit stillgelegter Schlepplift-Station

LATTENGEBIRGE

HOCHSCHLEGEL, 1.688 m

Die anstrengendere, aber ehrliche Variante, um in die Predigtstuhl-Region zu gelangen: Auf Forststraßen und über freie Hänge geht es hinauf zum Hochschlegel, wo frühere Skipisten zu einer genussvollen Abfahrt einladen. Der letzte Teil der Abfahrt erfolgt dann über Forststraßen.

12 km   4 Std.   1.200 Hm   SW bis NW

STARTPUNKT: Baumgarten, 519 m
ENDPUNKT: Hochschlegel, 1.688 m
ANFORDERUNG: Konditionell und technisch mittel

Aufstieg von der
Schlegelmulde zum Hochschlegel

Mittlere Lawinengefährdung

Bergstation Predigtstuhlbahn, Almhütte Schlegelmulde

Wald-Wild-Schongebiet, im Aufstieg und bei Abfahrt Schutzflächen weiträumig umgehen

| NOV | DEZ | JAN | FEB | MÄR | APR |

WEGBESCHREIBUNG

Die Tour startet am Parkplatz Baumgarten. Von hier die Forststraße entlang des Röthelbaches aufsteigen bis kurz vor die Klause, 940 m, und dann links durch den Wald in Richtung Röthelbachalm. Es geht wieder auf die Forststraße und nach einem weiteren Waldstück links dem Sommerweg folgen. Man folgt weiter der Forststraße, bis es rechts durch den Wald zur unteren Schlegelalm geht. Von hier folgt man in östlicher Richtung der breiten Waldschneise, die direkt zum Gipfel des Hochschlegels, 1.688 m, führt.

Vom Gipfel fährt man entlang der Aufstiegsspur mit kleinen Abweichungen im oberen Bereich zurück zum Parkplatz.

Pulvergenuss vom Feinster

Karkopf
(1.738)

Schreck
(1.725)

Hochschlegel
(1.688)

Predigtstuhl
(1.688)

Sommerweg

Röthelbachalm
(980)

Klause (940)

Röthelbach

Anthaupten-
nalm

Baumgarten
(511)

ANFAHRT

Gebirgsstock
Untersberg

Gipfelanstieg auf den Salzburger Hochthron
UNTERSBERG

SALZBURGER HOCHTHRON, 1.853 m

40

Wer seine Ausdauer testen möchte, versucht sich an dieser steilen Tour vor den Toren Salzburgs. Der Tiefblick auf die Mozartstadt und die dahinterliegende Ebene verleiht der Skitour auf den Salzburger Hochthron einen ganz besonderen Charakter. Die Abfahrt erfolgt überwiegend auf einer präparierten Piste.

🔄 12,7 km 🕐 4 Std. ↗ 1.400 Hm 🧭 Nord, Nord-Ost

STARTPUNKT: Fürstenbrunn, 458 m
ENDPUNKT: Salzburger Hochthron, 1.853 m
ANFORDERUNG: Konditionell anstrengend, technisch mittel

Einkehrschwung in der Berghütte Hochalm

🌀 Geringe Lawinengefährdung

🍴 Berghütte Hochalm direkt bei der Seilbahnstation

🌲 Wald-Wild-Schongebiet, Piste nicht verlassen!

NOV	DEZ	JAN	FEB	MÄR	APR

WEGBESCHREIBUNG

Die Tour startet am Parkplatz beim südlichen Ortsausgang von Fürstenbrunn auf der rechten Straßenseite. Man folgt dem Weg entlang des Kühbachs in Richtung Südwesten noch in moderater Steigung. Man passiert einen Kinderspielplatz und unterquert die Straße, bis man zu einem weiteren Parkplatz kommt, der sich ebenfalls als Startpunkt für die Tour eignet.

Jetzt nach links, kurz darauf verzweigt sich die Route und man geht nicht rechts, sondern geradeaus über die steile Abfahrtspiste hinauf weiter. Der nächste Abzweiger wird auch rechts genommen und dann steil bergauf gestiegen. In der Rechtskehre folgen wir dieser wieder scharf rechts und weiter steil bergauf. Nun trifft man auf ca. 900 m auf eine alternative flachere Anstiegsroute, die man später auch abfährt. Auf der nicht mehr ganz so steilen Piste entlang weiter, bis sie in der Rauchenbergkurve links abdreht und durch dichteren Wald bis zur Schweigmühlalm führt. Von der Alm weiter in mehreren Kehren zum Skischartl und von hier in wenigen Gehminuten weiter über einen weiten Linksbogen zum Gipfelkreuz des Salzburger Hochthrons, 1.853 m.

Abfahrt erfolgt über die Aufstiegsroute. Im unteren Teil nicht der Aufstiegsroute folgen, sondern die flachere Umfahrung wählen.

Panoramablick vom Gipfelkreuz

FÜRSTENBRUNN (458)

40

Kühstein
(1.430)

Schweig-
mühlalm

Salzburger
Hochthron
(1.853)

Großer Heubergkopf
(1.820)

ANFAHRT

Durchquerung des Plateaus, im Blick
den Berchtesgadener Hochthron

UNTERSBERG

41

UNTERSBERG-ÜBERSCHREITUNG, 1.972m

Unterwegs in völlig abgelegenen Bergregionen, in einer einsamen, fast unwirklichen Landschaft, die durch windgepressten Schnee gekennzeichnet ist: Bei der Untersbergüberschreitung stehen nicht die bewältigten Höhenmeter, sondern das Naturschauspiel im Vordergrund. Der Anstieg erfolgt mittels der Seilbahn, hinunter geht es dann auf der präparierten Skipiste Richtung Fürstenbrunn.

 15,5 km   4 Std.   800 Hm   alle Expositionen

STARTPUNKT: Untersbergbahn-Bergstation Geiereck, 1.776 m
ENDPUNKT: Berchtesgadener Hochthron, 1.972 m
ANFORDERUNG: Konditionell und technisch mittel

Ausblick auf die weitläufige Plateaulandschaft

Geringe Lawinengefährdung

Wald-Wild-Schongebiet, Gams- und Schneehuhngebiet. Bei der Abfahrt Piste nicht verlassen, im Wald entlang der Abfahrt Wald-Wild-Schongebiet

| NOV | DEZ | JAN | FEB | MÄR | APR |

WEGBESCHREIBUNG

Die Tour startet an der Bergstation der Untersberg-Seilbahn. Von hier geht es entlang des präparierten Weges in Richtung Salzburger Hochthron. Das Gipfelkreuz lässt man rechts liegen, verlässt die präparierte Piste und folgt dem Sommerweg in Richtung Südwesten. Das weitläufige Gelände mit seinen Kuppen und Mulden gibt keinen genauen Weg vor und lässt in der Spuranlage viel Spielraum. Allerdings sollte man sich im Vorhinein drauf einstellen, dass man die ein oder andere Mulde, Kuppe und Abbrüche umgehen muss, um seinen Weg fortsetzen zu können. Wenige Gehminuten nach Verlassen der Piste fällt das Gelände ab und man fährt ca. 150 Höhenmeter zur Mittagscharte ab. Am tiefsten Punkt der Einschartung zieht man die Felle wieder auf und orientiert sich entlang des Ochsenkamms weiter Richtung Süden, Südwesten, immer den Gipfel des Berchtesgadener Hochthrons als Ziel im Visier. Die abwechslungsreiche Landschaft, welche den Skitourengeher auf der ganzen Überschreitung begleitet, bietet ein einzigartiges Natur- und Erfahrungserlebnis. Links die senkrechten Felsabbrüche der Südwand, oben das weitläufige Hochplateau, vor einem die malerische Kulisse der Berchtesgadener Alpen.

Einzigartige Schneegebilde begleiten den Skitourengeher auf der Durchquerung

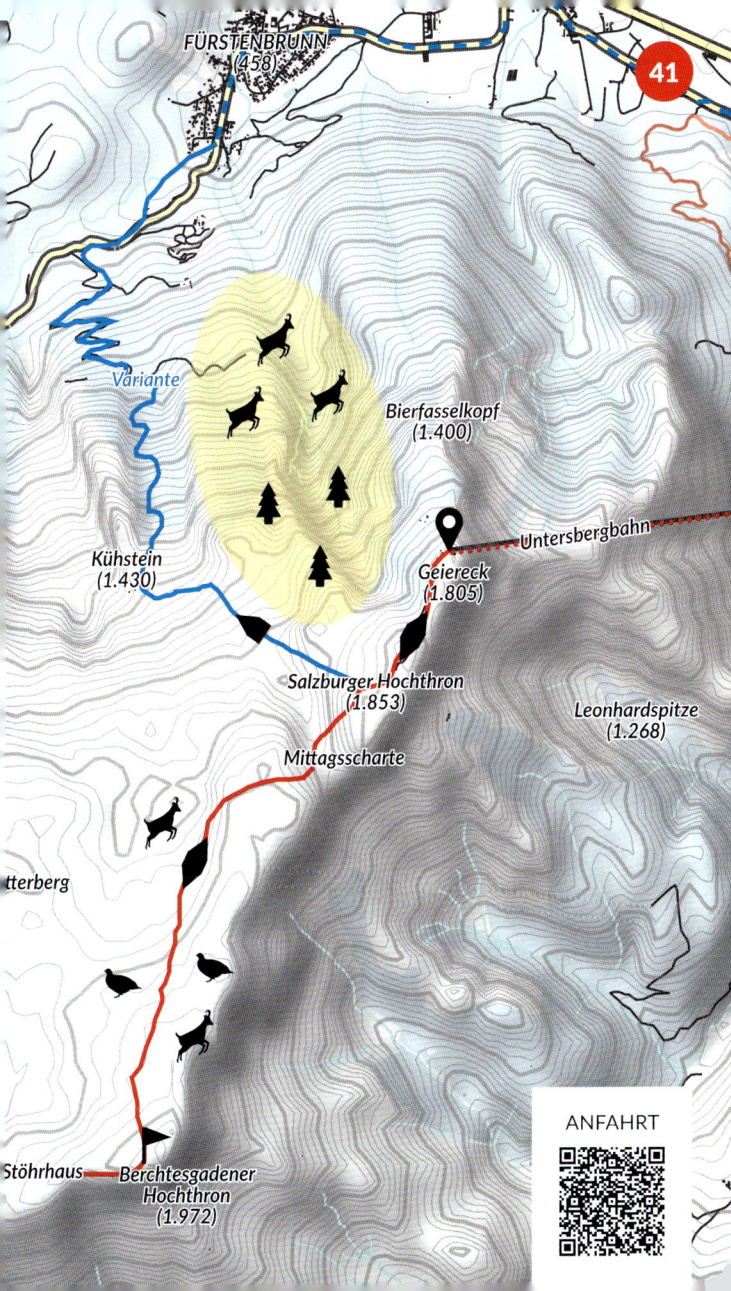

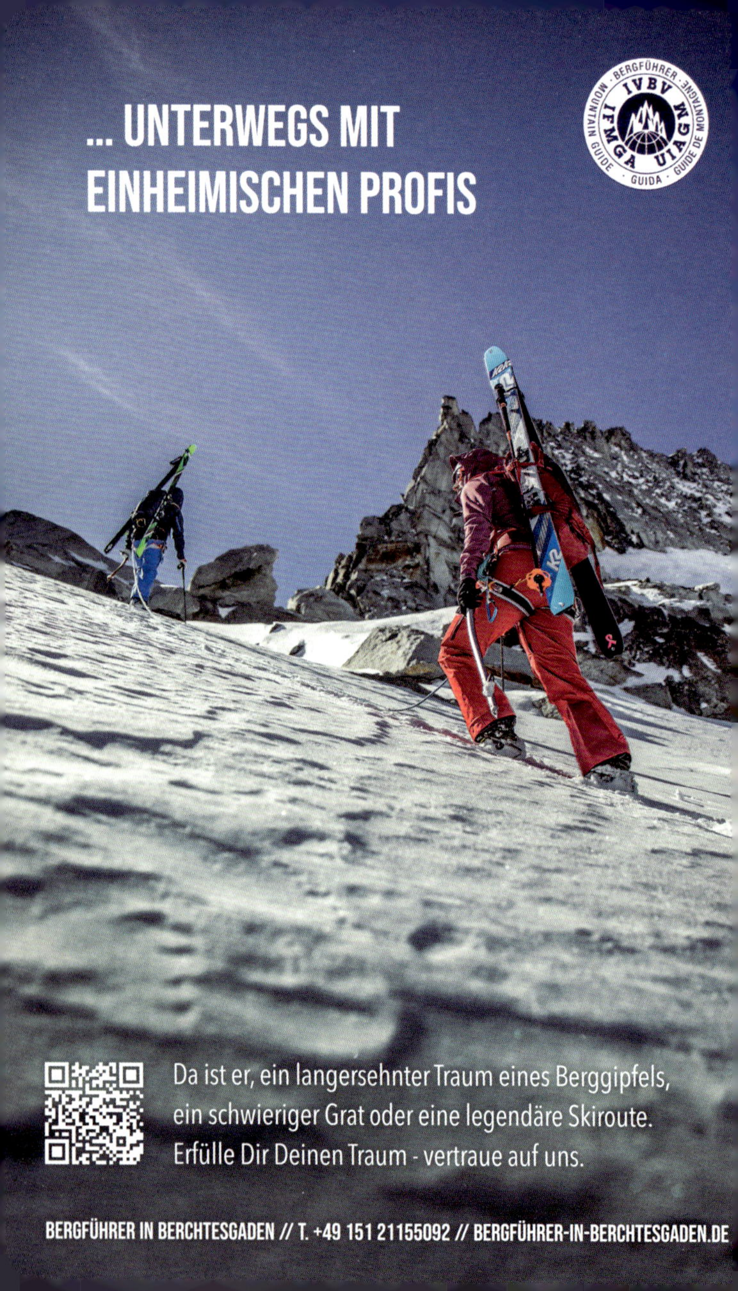

... UNTERWEGS MIT EINHEIMISCHEN PROFIS

Da ist er, ein langersehnter Traum eines Berggipfels, ein schwieriger Grat oder eine legendäre Skiroute. Erfülle Dir Deinen Traum - vertraue auf uns.

BERGFÜHRER IN BERCHTESGADEN // T. +49 151 21155092 // BERGFÜHRER-IN-BERCHTESGADEN.DE

Mit diesen Impressionen und stetigem Schritt kommt der Gipfel des Berchtesgadener Hochthrons und somit der höchste Punkt der Tour immer näher. Der letzte Anstieg zum Gipfel ist kurz etwas steil, fällt allerdings nicht ins Gewicht. Vom Gipfel aus erreicht man über eine kurze Abfahrt das Stöhrhaus, welches im Winter leider nicht geöffnet hat, dessen Holzterrasse aber als wunderbare Brotzeit- und Aussichtsplattform dient.

Der Rückweg erfolgt über dieselbe Route. Zurück auf der Piste, kann man mit der Bahn zurück zum Ausgangspunkt fahren oder über die Skipiste nach Fürstenbrunn und von dort mit dem öffentlichen Bus, der regelmäßig fährt, zurück zum Parkplatz der Untersbergbahn-Talstation.

Die letzten Meter zum Berchtesgadener Hochthron

STICHWORTREGISTER

GPX-DATEN-DOWNLOAD

Der Verlag offeriert als zusätzlichen Bonus, dass die GPX-Daten der Touren kostenlos erhältlich sind.

https://www.plenk-verlag.com/download/
download-tracks-skitourenfuehrer/

Download-Anleitung

- Öffnen Sie die Kamera auf Ihrem Smartphone und scannen Sie den QR-Code oder geben Sie den Link im Browser ein
- Klicken Sie auf den Download-Button, um die GPX-Daten herunterzuladen, *Passwort: Skitouren_BGD*
- Bestätigen Sie den Download noch einmal mit dem grünen Download-Button
- Öffnen Sie die ZIP-Datei, *Passwort: Skitouren_BGD*
- Impotieren Sie die GPX-Datei entweder in eine App auf Ihrem Handy oder laden Sie die Daten auf Ihr GPS-Gerät

Die GPX-Daten – und auch die Kartenskizzen – haben die Autorin und der Verlag auf der Basis von offiziellem Kartematerial nach bestem Wissen und Gewissen erstellt. Dennoch kann es vorkommen, dass die Wiedergabe durch GPS-Geräte nicht in allen Fällen einwandfrei funktioniert. Daher bittet der Verlag die Nutzer, stets Vorsicht walten zu lassen, das eigene Orientierungsvermögen nicht zu ignorieren und nicht weit abseits markierter Pfade ins Gelände zu gehen.

DANKSAGUNG

Ich danke

... Malcher Peter, der mit seinem Weihnachtsgeschenk in mir die Leidenschaft fürs Skitourengehen entfacht hat.

... meinem Role Model vor und hinter der Kamera Thomas Eder.

... meinen vielen, vielen motivierten Freunden, die für dieses Projekt unermüdlich mit mir unterwegs waren und bei der einen oder anderen Fotopause kalte Zehen in Kauf nehmen mussten: Nockei Nocks on Heavens Door, Christian Schlesener, Kathi Peschik, Seppi Pfnür, Kay Dietrich, Lukas und Heidi Wurm, Simone Maurer, Gerhard Benischke, Alex Nisslein, Bene Friedrich, Vroni Krieger, Susi Lenz, Olga von Plate, Franzi und Cole Grassl, Steffi Kurz, Flo Gottschlich und Lisi Götzinger.

... meinem Chef und Mentor Christian Schlesener, der mich bei der Realisierung dieses Projekts zu 100 Prozent unterstützte und mir immer den Rücken freigehalten hat, auch wenn er dabei auf sehr viele Stunden meiner Arbeitskraft verzichten musste.

... Rita Niehues, Christian Penning, Max Mayer, Phillipp Reiter und Eli Bräumann, die mir eine Auswahl ihrer Bilder für das Buch zur Verfügung gestellt haben.

... Vroni Krieger, Kathi Baumgartner, Lenz Köppl und besonders Gerhard Benischke, die mich mit ihrer ganzen Kompetenz und ihrem Fachwissen unterstützt haben.

... Sophie Stöckl und Elke Kropp, ohne deren unermüdliches Engagement und Begeisterung dieses Projekt nie realisierbar gewesen wäre, vielen, vielen Dank!

... der Familie Plenk und vor allem Anton Plenk jun., die mit einer unglaublicher Geduld und Vertrauen dieses Buch realisiert haben.

NINA SCHLESENER

„Ein Buch über seine Heimat zu schreiben, ist wie eine Liebeserklärung. Vor allem, wenn es von einer so leidenschaftlichen Bergsteigerin und Skitourengeherin wie Nina Schlesener verfasst wurde."

Stefan Glowacz

Nina Schlesener ist ein echtes Kind der Berge. Ihre Kindheit verbringt sie auf der elterlichen Berghütte, dem Schneibsteinhaus, welches mitten in den Berchtesgadener Bergen liegt. Sie steht mit drei Jahren auf ihrem ersten Berggipfel und auch auf Skiern und seitdem hat sie diese Leidenschaft fest im Griff. In der Jugend geht sie ihre erste Skitour und die ersten großen alpinen Bergtouren, welche ein Schlüsselerlebnis für ihre Zukunft darstellen. Die Leidenschaft für die Berge ist nun vollständig geweckt und sie wird Deutschlands jüngste staatlich geprüfte Bergführerin, wird 2011 Europameisterin im Eisklettern und verbringt den Sommer kletternd in der Vertikalen und den Winter auf Skiern.

Neben der Arbeit als Bergführerin ist sie auch als Expertin im Bayerischen Fernsehen tätig. Sie ist jedoch nicht nur live oder in den Medien, sondern auch als Buchautorin tätig.

2015 hat Nina ihr erstes Buch geschrieben, in dem sie ihre liebsten Touren in den Berchtesgadener Bergen vorstellt. Mit diesem Buch folgt ein weiteres Werk, das ihre Leidenschaft zum Wintersport widerspiegelt. Ein Skitourenführer über die Berchtesgadener Alpen, welcher die schönsten Touren im Berchtesgadener Land beschreibt.

Plenk´s
SPEZIALFÜHRER

Gipfeltouren · Versteckte Wege · Wanderungen

- abwechslungsreicher Wanderführer
- sorgfältig beschriebene Rundtouren
- vielfältige Tourenvarianten
- kostenloser GPX-Tourendaten-Download
- detaillierte Kartenskizzen
- einfache Handhabung
- farbliche Einteilung nach Wegekategorien
- starke Bebilderung
- Einkehr-Optionen

Plenk's

Spezialführer

Berchtesgadener Alpen
Die schönsten Rundtouren

75 Touren

mit Wanderkarte
GPX-Daten
MADE IN GERMANY

Gipfeltouren
Wanderungen
Versteckte Wege
Historische Spaziergänge

Spezialkarte
Berchtesgadener Alpen
1:40.000

UNSERE EMPFEHLUNGEN
Verlag Plenk Berchtesgaden

**SPEZIALFÜHRER | Berchtesgadener Alpen
Die schönsten Rundtouren, 75 Touren**

Elke Kropps Wanderführer erschließt diese
Alpenregion in einer Vielfalt, die sich bisher
noch in keinem Buch findet. 75 Wanderungen
und Gipfeltouren, fast ausnahmslos als Rundtouren konzipiert und überwiegend auch mit
öffentlichen Verkehrsmitteln erreichbar, stellt
der Wanderführer zur Auswahl.

Gipfeltouren · Versteckte Wege · Wanderungen · Histor. Spaziergänge

2. Aufl., Broschüre mit Wanderkarte, ISBN 978-3-944501-46-8, € 18.99

**SPEZIALFÜHRER | Berchtesgadener Alpen
Die schönsten Rundtouren, 65 Touren**

Und speziell für Urlauber, unser Spezialführer mit 65
Touren. Gemeinsam mit den Tourist-Informationen und
Gemeinden erarbeitet.

Gipfeltouren · Wanderungen · Histor. Spaziergänge

Broschüre, ISBN 978-3-944501-75-8, € 15.99

**SPEZIALFÜHRER | Von Ruhpolding
bis zum Königssee, 75 Touren**

Spazierengehen und Wandern in der Chiemgauer und
Berchtesgadener Alpenregionen – Die 75 schönsten
Rundtouren unter vier Stunden.

Auf genussvollen Touren durch die Alpenregion!

Broschüre, ISBN 978-3-944501-89-5, € 17.99

Die großartigen HOCHTOUREN der Berchtesgadener Alpen

Ausdrucksstark bebilderter Überblick über alle Zweitausender-Gipfel, die auf ausgeschilderten Wegen erreichbar sind – mit präzisen Tourenbeschreibungen und Kartenskizzen.

34 alpine Gipfelanstiege in einzigartiger Bergwelt

Broschüre mit Kartenskizzen
ISBN 978-3-944501-78-9, € 12.80

WANDERKARTE
Berchtesgadener Alpen

Umgebungskarte 1:25.000, mit nummerierten Wanderwegen und UTM-Gitter für GPS, erstellt in Zusammenarbeit mit dem Nationalpark Berchtesgaden.

Wanderwege · UTM-Gitter für GPS · grenzübergreifend

ISBN 978-3-940141-98-9, € 8.90

Diese und viele weitere Produkte finden Sie auf unserer Website. Scannen Sie hierfür einfach den QR-Code.

Verlag Plenk Berchtesgaden GmbH & Co. KG
Koch-Sternfeld-Str. 5 · 83471 Berchtesgaden · www.plenk-verlag.com

HERAUSGEBER

Verlag Plenk Berchtesgaden GmbH & Co. KG
83471 Berchtesgaden | Koch-Sternfeld-Str. 5
Tel. +49 (0) 8652 4474 | www.plenk-verlag.com

1. Auflage 2020 | Autorin: Nina Schlesener | Bilder: Autorin & Verlag,
S. 19 Anton Brandner und Marika Hildebrandt, S. 42 Eli Bräumann,
S. 66/67 BGLT, S. 72/206 Phillipp Reiter, S. 6/110/120/122/156/157/
224/225 Christian Penning, S. 229 Rita Niehues | Druckvorstufe:
Verlag Plenk Berchtesgaden GmbH & Co. KG | Herstellung: Printed in EU

Die GPX-Daten hat der Verlag – ebenso wie die Tourenkarten – auf
Basis von offiziellem Kartenmaterial nach bestem Wissen und Gewissen erstellt. GPX-Daten können vom Gelände abweichen. Es kann passieren, dass bei die Wiedergabe mit GPS-Geräten durch Störungen die
Tracks fehlerhaft dargestellt werden. Der Verlag empfiehlt den Nut-
zern, stets Vorsicht walten zu lassen und das eigene Orientierungsvermögen nicht zu ignorieren. Die GPS-Tracks werden unverbindlich zur
Verfügung gestellt. Für die Benutzung ist der Skitourengeher (Nutzer)
alleine verantwortlich. Der Verlag übernimmt keine Gewähr für die
Richtigkeit der GPX-Daten (Tracks).

Der Skitourenführer bzw. die Touren unterliegen stetigen Veränderun-
gen auch durch Natureinflüsse (Unwetter, Felssturz, Lawinen, Hochwas-
ser usw.). Die Angaben im Führer können vom aktuellen Naturzustand
abweichen. Zeitangaben können je nach Kondition unter- oder überschritten werden! Alle Touren wurden 2019 und 2020 neu begangen und
nach bestem Wissen und Gewissen zusammengestellt. Alle Benutzer der
Karten und des Führers verwenden diese ausschließlich auf eigenes Risiko und auf eigene Gefahr, somit eigenverantwortlich. Eine Haftung für
etwaige Schäden und Unfälle jeder Art übernimmt der Verlag nicht. Bei
der großen Datenmenge, die in diesem Wanderführer, den Kartenskizzen, den Fotos und den GPX-Tracks verarbeitet wurden, können Fehler
vereinzelt auftreten. Unstimmigkeiten sind nicht auszuschließen.

Änderungshinweise und Korrekturen nimmt der Verlag gerne
entgegen und ist sehr dankbar dafür!